Frey Steffen | Gender

Therese Frey Steffen
Gender

Reclam

Zweite, durchgesehene und ergänzte Auflage 2017

RECLAMS UNIVERSAL-BIBLIOTHEK Nr. 19445
Alle Rechte vorbehalten
© 2017 Philipp Reclam jun. GmbH & Co. KG, Stuttgart
Gestaltung: Cornelia Feyll, Friedrich Forssman
Gesamtherstellung: Reclam, Ditzingen. Printed in Germany 2017
RECLAM, UNIVERSAL-BIBLIOTHEK und
RECLAMS UNIVERSAL-BIBLIOTHEK sind eingetragene Marken
der Philipp Reclam jun. GmbH & Co. KG, Stuttgart
ISBN 978-3-15-019445-4

Auch als E-Book erhältlich

www.reclam.de

Inhalt

Gender Studies und die Schöpfungsgeschichte: Stammt Eva aus Adams Rippe, oder schuf Gott Mann und Frau nach seinem Ebenbild?

Als Einstieg zum Thema *gender* / Gender Studies sei die Bibel zitiert, die zum Ursprung der Geschlechter zwei unterschiedliche Versionen liefert:

> »Und Gott schuf den Menschen ihm zum Bilde, zum Bilde Gottes schuf er ihn; und schuf sie einen Mann und ein Weib.«   (1. Mose 1.27)

> »Und Gott der Herr baute ein Weib aus der Rippe, die er von dem Menschen nahm, und brachte sie zu ihm.«   (1. Mose 2.22)

Es stellt sich die Frage, warum der zweite biblische Schöpfungsbericht, der die aus der Rippe des Mannes gezeugte Frau schildert, den ersten über die gleichzeitige und ebenbürtige Schaffung von Mann und Frau nach dem Bilde Gottes praktisch aus der Wahrnehmung verdrängt hat. Ist die Rippenmetapher einfach spektakulärer, oder liegt dieser Priorisierung vielmehr eine geschlechterstereotype Dimension zugrunde?[1] Folgt man der zweiten Hypothese, könnte man einer patriarchalisch geführten Kirche unterstellen, die Hierarchisierung der Geschlechter einer Gleichstellung vorgezogen und deshalb vermittelt zu haben.[2] Tatsache ist, dass die antiken Hexameronauslegungen noch beide Schöpfungsberichte berücksichtigen, denn die Idee des Menschen als Ebenbild Gottes mit männlichen und weiblichen Anteilen durchzieht die Anthropologie noch lange. Außerdem verlangt ein hermeneutisches Grundprinzip, eine Textstelle durch eine andere zu erklären, wie etwa Augustinus in *De doctrina*. Das typische Verfahren ist es demnach, 1. Mose 1.27 durch 1. Mose 2.22 zu erläutern. Das mag einer der Gründe für die jahrhundertelange Priorisierung von 1. Mose 2.22 über 1. Mose 1.27 sein. Weshalb nicht umgekehrt? Weil 1. Mose 2.22 nach 1. Mose 1.27 steht (Argument der Chronologie), oder weil das Spezifischere das Allgemeine erklärt (Logik des Arguments)? Die Antwort auf diese Frage ist in der traditionellen biblischen Unterordnung der Frau unter das männliche Prinzip zu suchen. Zu den klassischen Bibelstellen, die diese Unterordnung belegen, gehören neben 1. Mose 2.22 auch 1. Mose 3.16 (»Und dein Verlangen soll nach deinem Manne sein, aber er soll dein Herr sein«); 1. Tim 2.11–12: (»Eine Frau lerne in der Stille mit aller Unterordnung. Einer Frau gestatte ich nicht, dass sie lehre, auch nicht, dass sie über den Mann Herr sei, sondern sie sei still«) und 1. Kor 14.34: (»denn es ist ihnen nicht gestattet zu reden, sondern sie sollen sich unterordnen, wie auch das Gesetz sagt«). Die sogenannte paulinische Linie bekräftigt die Hierarchiestufen mit 1. Kor 11.8–9 (»Denn der Mann ist nicht von der Frau, sondern die Frau von dem Mann. Und der Mann ist nicht geschaffen um der Frau willen, sondern die Frau um des Mannes willen«) sowie Eph 5.22–23 (»Ihr Frauen, ordnet euch euren Männern unter wie dem Herrn. Denn der Mann ist das Haupt der Frau, wie auch Christus das Haupt der Gemeinde ist, die er als seinen Leib erlöst hat«). Gott, Christus, Mann, Weib bilden eine Hierarchietreppe, auf der die Frau nicht nur zuunterst, sondern überdies still und stumm steht. Die Überlegenheit des Mannes wird aber auch außerhalb der biblischen Tradition bestätigt: »Bis ins 17. Jahrhundert hinein findet sich solches Denken durch eine anthropologische Grundannahme legitimiert, die ihre Autorität von Aristoteles bezieht: Das Maß des Menschen ist der Mann.«

Bemerkenswert ist in diesem Zusammenhang, dass der Gegensatz zwischen dem ersten und dem zweiten Schöpfungsbericht theologisch erst im 18. Jahrhundert wiederentdeckt wird, in einer Zeit, in der einerseits aufklärerische Ideale von Gleichheit an Gestalt und Anhängerschaft gewinnen und die andererseits eine »Zeit der Erfindung des bürgerlichen Geschlechterverhältnisses«[4] ist. Dies spiegelt die Ambivalenz der Aufklärung wider, die die Ungleichheit der Geschlechter mit dem Ideal der Gleichheit der Menschen oft vergeblich in Einklang zu bringen suchte.

Wesentlich für das Verständnis der Geschlechter in einer Zeit intellektueller Befreiung sind Jean-Jacques Rousseaus *Emile oder Über die Erziehung* (1762) und Immanuel Kants *Beobachtungen über das Gefühl des Schönen und Erhabenen* (1764). Darin äußert sich Kant explizit zur moralischen Arbeitsteilung der Geschlechter. Das Paar bildet für ihn eine einzige moralische Person, »welche durch den Verstand des Mannes und den Geschmack der Frauen belebt und regiert wird«[5]. Das sei nicht nur der ehelichen Einheit und Eintracht förderlich, sondern rechtfertige ebenso die Defizienz der weiblichen Form von Moralität: sie regiert ja nicht, sondern belebt. Auch Rousseau entwirft in *Emile* eine vergleichbare Arbeitsteilung der Geschlechter: »Die Frau hat mehr Witz, der Mann mehr Geist; die Frau beobachtet, der Mann denkt.«[6] Zwar sollten Mädchen und Jungen gleichermaßen unterrichtet und erzogen werden, aber der männliche Verstand kultiviert die weibliche Natur.

Was zeigt uns dieser Blick zurück?[7] Erst seit gut 200 Jahren, seit der Französischen Revolution, wird die Kategorie der symbolisch geltenden ständischen und patriarchalischen Ordnungen, der Hierarchisierung des Wissens und der Wissensgenerierung von außen betrachtet und angezweifelt. Das gilt auch für die beiden Bibelstellen des Schöpfungsberichts. Es ist kein Zufall, dass erst und gerade während der Aufklärung beide Schöpfungsmythen, 1. Mose 1.27 und 1. Mose 2.22, wieder ins Bewusstsein der Öffentlichkeit treten. Diese Tatsache zeigt deutlich, wie sehr der kulturelle und kulturgeschichtliche Kontext die Antwort auf die Frage bestimmt, weshalb der Frau der häusliche, dem Mann aber der öffentliche Raum zugewiesen wird. Daraus folgt, dass der männliche Körper zur Symbolgestalt des Geistigen und der weibliche zur Symbolgestalt des Körperlichen/Sterblichen, der Sexualität geworden ist.[8]

Der theologische, philosophische und anthropologische Exkurs verdeutlicht, verkürzt und zugespitzt formuliert, zweierlei: Erstens spielt die Differenz zwischen dem biologischen und dem kulturellen Geschlecht seit Beginn der Menschheitsgeschichte eine Rolle. Zweitens ist Geschlecht auch ein historisch wandelbares, soziokulturelles Phänomen, wobei die Kategorien »Frau« und »Mann« entsprechend der jeweils herrschenden Gesellschaftsdoktrin definiert werden. Hierarchisierend, hegemonisierend, ein- und ausgrenzend, bleibt das Geschlecht jenseits von Emanzipationsbestrebungen eine identitätsbestimmende Macht.

Der vorliegende Band versteht sich als Essay, als Versuch einer Bestandsaufnahme zu einem komplexen und wachsenden Forschungsfeld. Ziel ist keine auf Vollständigkeit bedachte wissenschaftliche Abhandlung über alle Fachdisziplinen, Theorieansätze und Ländergrenzen hinweg; vielmehr geht es darum, sich dem Gegenstand chronologisch und bewusst knapp und verkürzt anzunähern, und zwar aus der Perspektive der angloamerikanischen Literatur- und Kulturwissenschaft, der Schlüsseldisziplin bei der Entstehung und Ausformung der Gender Studies auch im deutschen Sprachraum.[9] Zahlreiche Forscherinnen[10] belegen eindrücklich die grundlegende genderrelevante Theorieentwicklung, die sich aus der Literatur- und Kulturwissenschaft heraus entwickelt hat und längst eine Vielzahl anderer Fachrichtungen wie Geschlechtergeschichte,

Kunstgeschichte, Musik, Kulturanthropologie, Ethnologie, Theologie, Philosophie, Rechts-, Erziehungs-, Theater-, Film- und Medienwissenschaften, Psychologie, Ökonomie, Medizin, Naturwissenschaften oder Informationstechnologien umfasst. Sie alle haben seit Mitte der achtziger Jahre sowohl den Begriff Gender Studies wie die Analysekategorie *gender*/Geschlecht wesentlich mitgeprägt und erweitert.

Diese Einführung füllt insofern eine Lücke im deutschen Sprachraum, als die Theoriebildung hier bislang eine »ausgeprägte sozialhistorische Ausrichtung«[11] erfuhr. Während in Westeuropa seit 1968 historisch-gesellschaftstheoretische Orientierungen dominierten, musste sich der US-amerikanische Feminismus auch mit gesellschaftlichen und kulturellen Verhältnissen auseinandersetzen, die nur bedingt mit den hiesigen vergleichbar sind: dem soziokulturell, historisch und politisch folgenreichen System der Sklaverei. Einerseits wirkt sich dies in Form einer scheinbar geringeren Übertragbarkeit angloamerikanischer Einsichten auf Westeuropa aus, lässt jedoch andererseits die zunehmende Bedeutung komparatistischer Perspektiven hervortreten. Gerade weil Westeuropa heute ein Einwanderungsgebiet ist, sehen wir uns, mit einiger Verspätung, mit ähnlichen und neuen Fragen der Identitätspolitik konfrontiert. Probleme multiethnischer Gesellschaften, wie sie in den USA seit langem existieren und die die angloamerikanische Theoriedebatte berücksichtigt, werden auch für den europäischen Raum immer bedeutsamer. Freilich wird im deutschen Sprachraum, besonders seit 1990 und dank Judith Butler, die angloamerikanische Gendertheorie intensiv und teilweise kontrovers rezipiert. Eine aktuelle Standortbestimmung ist angesagt.

Ziel des vorliegenden Bandes ist es deshalb, die wesentlichen Fragen, Debatten und Fortschritte auf diesem emanzipatorischen Weg retrospektiv wie prospektiv aufzuzeigen und punktuell zu beleuchten.

In einem Forschungsbereich, der einmal mehr eine radikale Wandlung durchmacht, kann ein solcher Beitrag nicht mehr und nicht weniger bedeuten als einen weiteren Besuch auf einer internationalen, wenn auch noch nicht globalen Baustelle, auf der die angloamerikanischen Debatten noch immer ein Fundament bilden.

Der Begriff *gender* / Gender Studies

Sprachliche Herkunft, Entwicklung und Bedeutung

Gender Studies (aus engl. *gender*: grammatisches Geschlecht, Genus, und *studies*: Studien, Untersuchungen) analysieren das Geschlechterverhältnis respektive die Geschlechterverhältnisse als strukturierte wie strukturierende Bedingungen menschlicher Gemeinschaften und Gesellschaften. Der Fokus liegt auf Fragen nach der Geschlechterhierarchie, das heißt der Ungleichheit der Geschlechter oder der Geschlechterdifferenz, der Geschlechterrollen und -stereotype, mithin der Geschlechtsidentität(en), wie sie sich unter verschiedenen soziokulturellen und historischen Bedingungen ausformen oder eben »konstruieren«. Richten sich heute die Gender Studies auf Weiblichkeiten und Männlichkeiten und ihre Relationalität, so gilt es doch festzuhalten, dass sie ohne die Aufbauarbeit der Feminist, Women's und Womanist Studies seit 1970, aber auch der Queer Theory in den späten achtziger und neunziger Jahren in ihrer heutigen Form undenkbar wären.

Obwohl sich der Begriff *gender* binnen relativ kurzer Zeit im akademischen wie politischen Bereich ausbreitete[1], war er noch um 1960 im heutigen Gebrauch als »kulturelles Geschlecht«, »Geschlechterverhältnis« oder »soziokulturelle Konstruktion« auch im angloamerikanischen Sprachraum nicht geläufig. Einschlägige Wörterbücher wie *OED, Webster's, Fowler's Dictionary* definieren *gender* ausschließlich als lexikalisch-grammatikalische Unterscheidung von »weiblich« und »männlich«. 1968 verwendete der Psychologe Robert J. Stoller den Begriff *gender* erstmals in einem anderen als grammatischen Sinne: zur Differenzierung sozialer und biologischer Geschlechtsidentität. Stollers Versuche am California Gender Identity Center bewiesen, dass Geschlechtsidentität postnatal erworben und in den ersten achtzehn Lebensmonaten geprägt wird.[2] Den angloamerikanischen Feministinnen und Frauenforscherinnen diente *gender* seit den siebziger Jahren zur scharfen Trennung von Biologie und Gesellschaft, von Natur und Kultur. *Gender* wurde dem biologischen Geschlecht (*sex*) gegenübergestellt und darüber hinaus als dem Geschlechtskörper übergestülpter Rollen- und Merkmalskatalog definiert, der je nach Kultur und Epoche stark variiert. Diese Trennung von Anatomie und »Schicksal« erlaubte es einerseits, Simone de Beauvoirs Äußerung von 1949, die Frau werde nicht als Frau geboren, sondern zur Frau gemacht, umfassend zu thematisieren und zu theoretisieren. Andererseits erhofften sich die Feministinnen Unterstützung in ihren Forderungen nach gesellschaftlicher Veränderung. In den achtziger und vor allem in den neunziger Jahren wurde *gender* im akademischen Umfeld zum zahlreich belegten Begriff für »kulturelles Geschlecht« im Unterschied zum »biologischen Geschlecht«.

Diese allgemein geläufige Verwendung von *gender* darf nicht darüber hinwegtäuschen, dass der aus der Frauenbewegung stammende Begriff isoliert keinen Sinn macht und stets relational gedacht werden muss. Die Gender Studies widmen sich, wie Natalie Zemon Davis festhielt, nämlich nicht nur der Frauenfrage, sondern allgemein dem vorherrschenden Normensystem, das die unterschiedlichen Rollen, Positionen, Möglichkeiten und die Macht bestimmt, die jedem Geschlecht zuerkannt werden kann.[3] Ungeachtet dieses Hinweises wurde und wird der Begriff *gender* fälschlicherweise oft als Synonym für die kulturelle Konstruktion von »Frau« oder »Weiblichkeit« verwendet. Vielleicht erlaubte es diese Verkürzung, das eine oder andere feministische Anliegen neutraler zu platzieren, vielleicht aber auch die eine oder andere berechtigte Gender-Einsicht als feministische Forderung zu diffamieren.

Festzuhalten ist: Gender Studies erforschen als zentrale

Analysekategorie – innerhalb der Disziplinen oder fächerübergreifend – die individuelle und gesellschaftliche Situation von Frauen und Männern sowie die Beziehung der Geschlechter. Weil die Studiengänge im deutschsprachigen Raum noch vorwiegend disziplinär ausgerichtet sind, betreten die Gender Studies mit ihrer inter- und transdisziplinären Ausrichtung Neuland. Die Gender Studies entwickeln dabei theoretische und empirische, das heißt qualitative wie quantitative Herangehensweisen. Die Anwendung von *gender* als Analysekategorie geht jedoch darüber hinaus und beinhaltet auch die Erforschung unserer wissenschaftlichen Denksysteme und Theorien, die weitgehend durch die geläufigen Vorstellungen von Männlichkeit beziehungsweise Weiblichkeit strukturiert werden. Ziel ist es, die androzentrische Welt- und Wissenschaftssicht zu überwinden und Männer wie Frauen an der (Definitions-)Macht zu beteiligen.

Gender wird, das gilt es zu bedenken, sowohl als soziale Konstruktion gedacht als auch in realen Situationen immer wieder hergestellt, so dass es durchaus zu realen sozialen Ungleichheiten kommt. Eine Frau, die sich ihrer weiblichen Sozialisierung bewusst ist, leidet oft gleichzeitig unter genderspezifisch ungerechter Behandlung oder Entlohnung. Der Begriff Gender Studies, so seine Kritikerinnen und Kritiker, nehme jedoch die Gleichheit der Geschlechter gewissermaßen als soziale Tatsache an, obwohl sie aus der Sicht von Frauenforscherinnen und Politikerinnen als solche erst herzustellen wäre. Deshalb präferieren sie aus sozialen und historischen Überlegungen den Begriff »Frauen- und Geschlechterstudien«. Gender Studies bleibt in diesem Sinne für Frauenforscherinnen wie Sigrid Metz-Göckel im akademischen Rahmen der bequemere Ausdruck für Geschlechterstudien, gerade weil der Begriff die Relationalität impliziere – aber eben nicht mehr als ein bequemer Begriff. Forscherinnen wie Metz-Göckel bezweifeln denn auch, dass so Männer für die bislang vorwiegend Frauen interessierende Thematik zu gewinnen sind. Die Vereinigung von Frauen- und Männerforschung im Begriff Gender Studies kaschiert für Metz-Göckel die Ungleichzeitigkeit und (akademische) Ungleichheit der beiden Forschungsrichtungen und Denkbewegungen. Wenn der Begriff Gender Studies gewählt werde, um dem Zusammenhang zwischen Feminisierung und Entwertung zu entgehen, könne das geschickt sein, weil junge Frauen sich immer weniger mit Diskriminierungsanalysen identifizieren mögen. Obwohl die Gender-Strategie als politisch klug gewertet wird, ziehen Sigrid Metz-Göckel, Andrea Maihofer und andere den Begriff »Frauen- und Geschlechterforschung«[4] vor, allerdings aus unterschiedlichen Gründen: Zwar impliziere der englische Begriff *gender* eine Entgegensetzung von biologischem und sozialem Geschlecht, doch sei es nicht mehr ganz angemessen, von Genderforschung zu sprechen, so Maihofer. *Gender* verunmögliche »eine adäquate sprachliche Repräsentation dieser theoretischen Entwicklung, was zu häufigen Missverständnissen führt«[5], einer Entwicklung, die im Anschluss an die Ideen Judith Butlers auch den biologischen Geschlechtskörper als erklärungsbedürftig und nicht einfach als männlich oder weiblich betrachtet.[6] Maihofer konzediert allerdings, dass eine begriffliche Alternative noch immer ausstehe. Selbst der Versuch von Joan W. Scott, nun von *sexual difference* und von *biological sex* zu sprechen, vermöge nicht recht zu überzeugen, so Andrea Maihofer. Maihofer plädiert deshalb für den deutschen Begriff »Geschlecht« anstelle von *gender*.[7] Er verdeutliche eher die Möglichkeit, dass sowohl das »biologische« Geschlecht (wie auch immer es nun verstanden wird) als auch das »soziale« Gegenstand der »Geschlechterforschung« sei. Was für den deutschen Sprachraum durchaus sinnvoll erscheint, ist leider in der internationalen, angloamerikanisch geprägten Forschungsgemeinschaft schwer nachvollziehbar.[8] Wir bleiben deshalb beim englischen Terminus. Abgesehen von diesen Bedeutungsfragen wird der englische Begriff auch aus ideologischen Gründen gelegentlich abgelehnt: Nicht nur subsumiere *gender* spezifische Frauenanliegen unter einem neutralen englischen Begriff, sondern suggeriere auch eine angloamerikanische theoretische Vorherrschaft und erneute intellektuelle Abhängigkeit.

Im internationalen Kontext erscheint der Begriff noch kontroverser. So hat *gender* für die theoretischen Traditionen der romanischen Sprachen wenig Relevanz.[9] In einem Sprach- und Kulturraum, in dem *genre* sowohl »Geschlecht« wie »Menschheit« bezeichnet, wird sowohl die Nichtübersetzbarkeit des Begriffs klar wie auch die weit geringere Bedeutung der Sex-Gender-Debatte im Vergleich zum deutschen Sprachraum. Außerdem ist *gender* in vielen Sprachen nicht übersetzbar; ein entsprechendes Wort fehlt. Auch deshalb wird in manchen, vor allem europäischen Ländern, das englische Wort *gender* verwendet. Andernorts, zum Beispiel in China, wurden neue Wörter erfunden, um die linguistischen und kulturellen Bedingungen besser wiederzugeben.[10]

Zweifellos erlaubt und begünstigt der neutrale englische Begriff eine internationale Verständigung und eröffnet jenseits aller Sprach- und Kulturgrenzen die Erforschung geschlechtertheoretischer und politischer Fragen. Aus dieser Sicht erscheint *gender* weniger als aufgezwungener »neokolonialer« Begriff denn als international bekanntes und anerkanntes Schlüsselwort, das vor allem auf der Ebene internationaler Organisationen wie der UNO gemeinsame Aktionen ermöglicht.

Dennoch: eine weltweit übereinstimmende Bedeutung des Begriffs *gender* fehlt nach wie vor. Auf der Weltfrauenkonferenz von Peking 1995 wurde dieser Mangel mit dem Hinweis auf die »allgemein übliche Bedeutung« überspielt. Allerdings berichtete Judith Butler 1997 in ihrem Artikel über *Das Ende der Geschlechterdifferenz*, wie umstritten der Begriff *gender* in Peking war. Die Diskussion um das Verhältnis von *sex* und *gender* sei gar zum Machtkampf ausgeartet, an dem sich auch die katholische Kirche beteiligte. Unter ihrer Führung wurde *gender* aus dem Programm getilgt und durch den Ausdruck *sex* ersetzt.[11] Weshalb? Einerseits sollte die Sexualität nicht vom biologischen Geschlecht und dessen Fortpflanzungsfunktion abgespalten werden, andererseits sei der Begriff *gender* ein Code für Homosexualität und deshalb abzulehnen. Dass die katholische Kirche keine Emanzipation der Sexualmoral oder eine Erweiterung beziehungsweise Veränderung der Geschlechterrollen wünscht, ist bekannt. Die Tilgung von *gender* aus ihrem Vokabular zeigt, wie bedrohlich eine wie immer geartete »Feminisierung« der katholischen Kirche erscheinen muss.

Das Fehlen einer einheitlichen und unumstrittenen Definition hält den Begriff *gender* auch lebendig. Wie lebendig, bezeugt beispielsweise die international fortschreitende Einrichtung von Gender Studies an Universitäten und Fachhochschulen. Gender-Studies-Studiengänge sind weltweit Einrichtungen, wo Fragen über das Wirken und Funktionieren der Geschlechter gestellt werden. Stellvertretend für zahlreiche schon länger bestehende Programme[12] seien nachfolgend die Studieninhalte am Zentrum Gender Studies der Universität Basel zitiert. Deutlich wird dabei, wie die Institutionalisierung und curriculare Umsetzung der Gender Studies aussehen: »Gender Studies sind aus der Frauenforschung entstanden und umfassen inzwischen Frauen-, Männer- und Geschlechterforschung. Ihr Thema ist die zentrale Bedeutung von Geschlecht in Wissenschaft und Gesellschaft. So gibt es kaum einen Bereich, in dem Geschlecht keine Rolle spielt und in dem es keinen Unterschied macht, ob sich eine Person darin als ›Frau‹ oder als ›Mann‹ bewegt.«

In Gender Studies wird aber nicht nur das aktuelle Verhältnis der Geschlechter in verschiedenen gesellschaftlichen Bereichen (z. B. im Recht, der Berufswelt, der Religion, der Medizin, den Medien oder in der Politik) analysiert und problematisiert, sondern auch, wie es historisch entstanden ist und wie es sich derzeit verändert. Wie sich dabei zeigt, ist das Verhältnis zwischen den Geschlechtern in den meisten Fällen hierarchisch.

»Eine zentrale Einsicht der Frauen- und Geschlechterforschung ist, dass Geschlecht und die Geschlechterverhältnisse nichts Naturgegebenes, sondern in erster Linie gesellschaftliche Phänomene sind, Ergebnis und Moment menschlichen Handelns, sozialer Strukturen und Verhältnisse – eben eine soziale ›Konstruktion‹. Insgesamt können drei Dimensionen der Vergeschlechtlichung unterschieden werden: erstens *individuelle Konstitutionsprozesse von Geschlecht*, wie die Genese von ›Frauen‹ und ›Männern‹ und deren Bedeutung für die körperliche, psychische, kognitive oder emotionale Entwicklung; zweitens *strukturelle Konstitutionsprozesse von Geschlecht* wie die geschlechtsspezifische Arbeitsteilung oder die Trennung von Öffentlich und Privat; drittens *symbolische Konstitutionsprozesse von Geschlecht*, wie sie sich beispielsweise in den Bildern von ›Männlichkeit‹ und ›Weiblichkeit‹, in den Vorstellungen vom biologischen Geschlechtskörper oder ganz allgemein in der Sprache und ihrer geschlechtlichen Codierung manifestieren. Diese unterschiedlichen Dimensionen von Geschlecht existieren teilweise nebeneinander, manchmal sogar historisch ungleichzeitig; sehr häufig sind sie jedoch auf das Engste verwoben. Zudem ist inzwischen klar, dass ein enger Zusammenhang zwischen Geschlecht und ›Rasse‹/ Ethnizität, Klasse und sexueller Orientierung besteht. So beschäftigen sich Gender Studies nicht nur mit den Differenzen und ungleichen Machtverhältnissen zwischen ›Frauen‹ und ›Männern‹, sondern auch mit denjenigen zwischen ›Frauen‹ und zwischen ›Männern‹.

Thema sind also die jeweiligen gesellschaftlichen *Geschlechterarrangements* bzw. *Geschlechterregimes*, ihre Entstehung, Reproduktion und Veränderung. In der Ausrichtung auf die gesellschaftlichen *Konstitutionsprozesse von Geschlecht und den Geschlechterverhältnissen* ist der Blick von Gender Studies auf *beide* Geschlechter und ihr Verhältnis zueinander gerichtet. Kurz: Es geht um die Analyse und Kritik der (heterosexuellen) Zweigeschlechtlichkeit als Organisationsprinzip von Gesellschaft.«[13]

Wie dieses Zitat deutlich macht, hängt die Definition des Begriffs *gender*, darüber herrscht heute Konsens, stets von historischen und gesellschaftlichen Phänomenen ab. Gender Studies untersuchen deshalb diachronisch und synchronisch individuelle, strukturelle und symbolische Konstitutionsprozesse von Geschlecht. Entscheidend ist auch, *gender* im Kontext mit anderen Aspekten wie Ethnizität, Klasse, sexueller und/oder religiöser Orientierung zu lesen. So wie die Kategorie *gender* immer mitläuft, so bestimmen auch die anderen genannten Faktoren die Identitätsbildung wesentlich mit. Das Verhältnis dieser Faktoren, die vor allem als Parameter der Marginalisierung verstanden werden, ist jedoch nicht (immer) additiv zu fassen[14], viel eher als Verschränkung, Kombination oder Verwobenheit, denn je nach Kontext verändert sich die Konstellation, die Gewichtung der einzelnen bestimmenden Anteile. Der 1995 des Mordes an seiner weißen Ehefrau Nicole Brown Simpson angeklagte afroamerikanische Sportstar O. J. Simpson wurde freigesprochen. »Race issues«, das heißt die Vermeidung von Rassenunruhen, waren und sind in den USA wichtiger als »gender issues«, also als häusliche Gewalt. Das Verfahren endete insofern nicht zuletzt deshalb mit dem Freispruch des verdächtigten Ehemannes, weil im Falle einer Verurteilung mit Rassenunruhen zu rechnen gewesen wäre. Dann wiederum spielt die sexuelle Orientierung eine größere Rolle als Ethnizität und Klasse, wie bei der lesbischen afroamerikanischen Autorin und Theoretikerin Audre Lorde, die in den siebziger und achtziger Jahren wesentlich dazu beitrug, dass die Frauenbewegung nicht länger Sache einer weißen, akademisch gebildeten, mittelständischen Mehrheit blieb, sondern »poor black lesbians« als eine besonders marginalisierte Gruppe von Frauen ins künstlerische und theoretische Blickfeld hob. Statt von Ethnizität, Klasse und *gender* spricht man heute neutraler, und nicht noch zusätzlich diskriminierend, von »intersectionality«, »Intersektionalität«, als Schnittfläche und -menge unterschiedlicher sozialer und kultureller Bedingungen. Floya Anthias definierte in einem Referat zum Thema an der Universität Zürich vom 27.10.2005 den Begriff wie folgt: »Intersectionality goes beyond just looking at the gender aspects of racial discrimination. It seeks to provide a tool for analysing the ways in which gender, race, class and all other forms of identity and distinction, in different contexts, produce situations in which women and men become vulnerable to abuse and discrimination.«

Herkunft, Definitionsgeschichte und Anwendungsbereich des Terminus *gender* verweisen deutlich auf das wesentliche Merkmal: *Gender* ist nicht nur eine konstruierbare, sondern auch eine dekonstruierbare, verhandelbare Größe. Zumindest in einem Punkt herrscht heute Konsens: Frauen und Männer sind nicht einfach als Frauen und Männer geboren; sie werden es im Verlauf ihrer unterschiedlichen Sozialisation. Kulturelles wie biologisches Geschlecht entstehen laufend performativ, das heißt *sex* und *gender* werden im entsprechenden Handeln erst hergestellt.

Schlagen wir den Bogen nochmals zur biblischen Schöpfungsgeschichte zurück. Zur Debatte standen zwei Deutungen: eine erste der Gleichheit der Geschlechter, eine zweite der Unterordnung der Frau unter den Mann. Wie sich im Laufe der biblischen Geschichte und deren Rezeption 1. Mose 2.22 über 1. Mose 1.27 durchzusetzen vermochte, wie jedoch im Zeitalter der Aufklärung auch die Gleichheitsmetapher von 1. Mose 1.27 plötzlich wieder diskutiert wurde, verweist eindringlich genug auf die zeit- und kontextbedingte »Herstellung« von *gender*. Dieser ständigen Produktion von *gender* im Handeln und Interpretieren unter bestimmten individuellen beziehungsweise gesellschaftlichen Bedingungen wenden wir uns nun kurz zu. Es handelt sich um das aus den Sozialwissenschaften stammende Konzept des *doing gender*, ein Konzept, das unter etwas anderen Vorzeichen in den Arbeiten Judith Butlers wirksam werden wird.

Doing gender versus *performing gender*

Das Konzept des *doing gender*, der »interaktiven Konstruktion von Geschlecht« (Regine Gildemeister) basiert auf den Transsexuellenstudien von Harold Garfinkel und Susan Kessler / Wendy McKenna. Transsexuellen fehlt bekanntlich eine eindeutige Geschlechtszugehörigkeit. Ihr *doing gender* geschieht über den angestrebten Geschlechtswechsel; das heißt, männliche oder weibliche Verhaltensweisen müssen auf individueller wie sozialer Ebene erst eingeübt werden, damit die Person in ihrer neuen Geschlechtsidentität glaubwürdig ist und akzeptiert wird. *Doing gender* besagt nichts anderes, als dass Geschlechtszugehörigkeit und Geschlechtsidentität als fortlaufender Herstellungsprozess aufzufassen sind, der zusammen mit faktisch jeder menschlichen Aktivität vollzogen wird.[15]

Welche Formen des individuellen und sozialen *doing gender* möglich sind, hat Judith Lorber in *Paradoxes of Gender* (1994), deutsch 1999 unter dem Titel *Gender-Paradoxien* erschienen, dargestellt. Basierend auf den Theorien von Candace West und Don Zimmerman entwickelt Lorber hier ihr Modell eines *doing gender*, das unter anderem auch von Anne Fausto-Sterling aufgegriffen wurde. Es zeigt auf, in welchen Bereichen und auf welchen Handlungsebenen *gender* hergestellt wird:

Soziale und individuelle Komponenten des Begriffs *gender* nach Judith Lorber

Auf sozialer Ebene
Genderstatus: sozial anerkannte Geschlechterrollen und -erwartungen sowie ihre Umsetzung in Verhalten, Gestik, Sprache, Gefühl und Körper

Auf individueller Ebene
Sexuelle Kategorie: vorgeburtlich bestimmt oder chirurgisch (wieder-)hergestellt

Auf sozialer Ebene
Gendertypische Arbeitsteilung

Auf individueller Ebene
Genderidentität: geschlechtsspezifisch bestimmte Selbstwahrnehmung eines Individuums im beruflichen und familiären Umfeld

Auf sozialer Ebene
Gendertypische Verwandtschaft: Familienrechte und -pflichten für jeden Genderstatus

Auf individueller Ebene
Gendertypischer ehelicher und fortpflanzungsrelevanter
Status: Vollzug oder Nichtvollzug erlaubter oder unerlaub-
ter Sexualität, Schwängerung, Schwangerschaft, Geburt

Auf sozialer Ebene
Gendertypische sexuelle Skripts: nach Genderstatus vor-
gegebene normative Muster sexuellen Verlangens und
sexueller Praktiken

Auf individueller Ebene
Gendertypische sexuelle Orientierung: sozial und indivi-
duell geprägte sexuelle Begierden, Gefühle, Praktiken und
Identifikationen

Auf sozialer Ebene
Gendertypische Persönlichkeitsmuster: Kombination
von Eigenschaften geprägt durch geschlechtsspezifische
Verhaltensnormen

Auf individueller Ebene
Gendertypische Persönlichkeit: verinnerlichte Muster sozial
normierter Gefühle in Familienstrukturen und Elternschaft

Auf sozialer Ebene
Gendertypische soziale Kontrolle: formelle und informelle
Akzeptanz und Belohnung konformen Verhaltens; Stigma-
tisierung und Pathologisierung nichtkonformen Verhaltens

Auf individueller Ebene
Gendertypische Prozesse: *doing gender* – soziale Praktiken
des Erlernens und Ausübens gendertypischer Verhaltensweisen; Entwicklung einer Genderidentität

Auf sozialer Ebene
Gendertypische Ideologie: Rechtfertigung eines Gender-status, oft unter Berufung auf Argumente einer natürlichen (biologischen) Differenz

Auf individueller Ebene
Gendertypische Annahmen: Verinnerlichung von oder Widerstand gegen Genderideologien

Auf sozialer Ebene
Gendertypische Visualisierung/Bildersprache: kulturelle Repräsentationen von *gender* als symbolische Sprache und Kunst

Auf individueller Ebene
Gendertypische Aufmachung/Erscheinung: Selbstdarstellung als gendertypische Person mittels Kleidung, Kosmetik, Schmuck, reversible oder irreversible Körpermarkierungen

Dieses Konzept des *doing gender*, das Lorber mit Candace West, Don Zimmerman und anderen erarbeitet hat[16], lenkt die Aufmerksamkeit auf den (politisch relevanten) Umstand, dass die Konstruktion von Geschlecht nicht nur auf der individuellen Ebene stattfindet, sondern ebenso in der alltäglichen sozialen Praxis, an der jeder Mann, jede Frau auf seine/ihre Weise teilnimmt. Die Diskurse des Alltags übersetzen sich hier in konkretes Handeln, in performative Akte, die die Geschlechtszugehörigkeit gleichermaßen konstituieren und auf Dauer festschreiben. Diese »ständige Herstellung des Geschlechts«, das *doing gender*, bereitet den Boden für Judith Butlers Theorie einer »Performativität« des Geschlechts. Daher sei an dieser Stelle kurz Butlers Vorstellung von *gender performance(s)* – ein kulturwissenschaftlicher Ansatz – mit dem *doing gender* von West, Zimmerman und Lorber – ein soziologischer Ansatz – verglichen.

Judith Butler, Professorin für Rhetorik, Komparatistik und Gender Studies in Berkeley, veröffentlichte 1990 ein Buch, das die Wahrnehmung und Funktion der Kategorie *gender* abermals grundlegend verändern sollte. In *Gender Trouble* (dt. *Das Unbehagen der Geschlechter*) propagiert sie eine Theorie, die »Geschlecht« sowohl performativ wie auch normativ und subversiv auffasst. Butler stellt darin radikal die Binarität von Mann und Frau, von männlich und weiblich in Frage. Dabei widersetzt sie sich vehement der Ansicht, der Geschlechterdualismus sei biologisch oder psychisch determiniert. Vielmehr sieht sie ihn, wie von Lorber beschrieben, als Folgeerscheinung kontingenter psychischer, kultureller und sozialer Praktiken, was auch Wandel und Normdurchbrechungen erlaubt.[17] Die soziokulturelle Konstruktion von Geschlecht umfasst nach Butler Subjektivität, Identität und Körperlichkeit. Diese werden »durch regulative Verfahren im Nexus von Macht und Diskurs produziert und stiften erst eine Beziehung der Kohärenz und Kontinuität zwischen den drei Kategorien *sex*, dem Geschlechtskörper, *gender*, der Geschlechtsidentität bzw. dem sozialen Geschlecht, und *desire*, der Praxis und Struktur des sexuellen Begehrens, die keinesfalls vorausgesetzt werden kann. *Sex, gender* und *desire* werden in einem Prozess der phantasmatischen Annahme und der alltäglichen *performance* zu einer Kategorie ›Geschlecht‹ verschmolzen, die dazu tendiert, sich als natürliche auszugeben und ihre eigene kulturelle Verfasstheit zu verleugnen.«[18] Übersetzt bedeutet *to perform* »erfüllen, durchführen, vollbringen, arbeiten, tun, aufführen, darstellen«. Im Begriff »Performance« beziehungsweise »performativer Akt« verbindet Butler die Nähe zu alltäglichen Handlungen mit der Performanz von Ritualen, Bühnenhandlungen und Auftritten aller Art. In den Gender Studies der neunziger Jahre ist Performance/Performativität deshalb auch mit Konzepten wie Maskerade, Crossdressing, Transsexualität, Transgendering und Drag verknüpft. Doch Butler geht es nicht primär um Theater. Es wäre falsch, ihr Konzept der »performativity« bloß mit dramatischen und theatralischen Settings zu verbinden. Sie unterscheidet »performativity« deutlich von »performance as bounded ›act‹« und betont, »performativity« bestehe aus einer Wiederholung von Normen, welche dem »Performer« vorausgehen, ihn zwingen und über ihn hinausreichen und so nicht als Produkt seines Willens oder seiner Wahl gelten können. Die Reduktion von »Performativität« auf »Performanz« sei ein Fehler.[19] Scheinen die Konzepte von Butler und West/Zimmerman/Lorber auf den ersten Blick recht ähnlich, so unterscheiden sich ihre Vorstellungen von Performanz beziehungsweise Performativität doch grundlegend. Während die Letzteren Geschlechtsidentität als eine Vielzahl sozialer Funktionen und Rollenmuster verstehen, distanziert sich Butler von einem explizit soziologischen Ansatz.[20]

Ihr Denken wurzelt im französischen Poststrukturalismus und in der Psychoanalyse, während West/Zimmerman/Lorber und später auch Sarah Fenstermaker ihre soziologische Theorie des *doing gender* auf die Komponenten symbolische Interaktion, Ethnomethodologie und soziale Konstruktion gründen. Dennoch gibt es Überschneidungen zwischen Butlers »performances« und dem *doing gender* von West/Zimmerman/Lorber. In beiden Ansätzen wird *gender* nicht als Attribut, sondern als Aktivität aufgefasst, wobei *gender* in Butlers Theorie diskursiv, sprachlich hergestellt (›performed‹ through discourse), in derjenigen von West/Zimmerman/Lorber sozial interaktiv produziert wird. Darin liegt der Unterschied. Vor dem Gendering einer Person gibt es für Butler keine Subjektivität; sie stellt sich über Diskurse erst her.

Vierzehn Jahre nach *Gender Trouble* kehrt Judith Butler mit *Undoing Gender* (2004) zu ihren Theorien um *doing gender* und *sex* zurück: »If gender is a kind of a doing, an incessant activity performed, in part, without one's knowing and without one's willing, it is not for that reason automatic or mechanical. On the contrary, it is a practice of improvisation within a scene of constraint. Moreover, one does not ›do‹ one's gender alone. One is always ›doing‹ with or for another, even if the other is only imaginary.«[21]

Während *Gender Trouble* die allgegenwärtigen Konstruktionsmechanismen von *gender* und *sex* aufzeigt, beschäftigt sich *Undoing Gender* verstärkt mit den Möglichkeiten und Resultaten einer Auflösung heteronormativer Grenzen. Die in diesem Band versammelten wichtigsten Stellungnahmen Butlers seit 2000 beschreiben die positiven wie negativen Erfahrungen eines *becoming undone*: Ein normatives Konzept von *gender* kann einer (homoerotischen, transsexuellen) Person ein echtes, selbstbestimmtes Leben verunmöglichen (undo), einmal überwunden (undone), jedoch eine neue, ungewohnte Geschlechtsidentität erst ermöglichen. Butler zufolge sind diese Bereiche des Ungewohnten: »transgender, transsexuality, intersex, and their complex relations to feminist and queer theory«[22]. Zentral in der Ausbildung einer neuen, anderen Geschlechtsidentität wird für Butler das Konzept der Anerkennung (recognition) als Machtinstrument. Anerkennung, geschenkt, gezollt oder verweigert, bestimmt die Lebensentwürfe und -möglichkeiten besonders jenseits geläufiger Sex- und Gendernormen wesentlich mit. In *Undoing gender* bewegt sich Butlers Kritik an den »gender politics« nun viel stärker im Rahmen menschlicher Persistenz, Anerkennungs- und Überlebensstrategien – *Undoing Gender* bedeutet deshalb keine Auflösung oder Negierung des Begriffs *doing gender*. Vielmehr betont Judith Butler beim *undoing* die subversive Strategie und den Preis, den Individuen für diese Transgression bestehender Normen noch immer bezahlen: die Gratwanderung zwischen ihrem *undoing* und ihrem *becoming undone*.

Bevor wir uns im folgenden Kapitel der Geschichte und Entwicklung der Women's Studies und Gender Studies zuwenden, fassen wir zusammen: Die Vorstellung von *gender* als kulturellem Geschlecht, als sozialer Konstruktion kennzeichnet vor allem die zweite Hälfte des 20. Jahrhunderts. Ausgangspunkt der Debatte ist Simone de Beauvoirs 1949 veröffentlichte These vom »anderen Geschlecht« (*Le Deuxième Sexe*) mit der Kernaussage »Man wird nicht als Frau geboren, man wird es«. Beauvoirs Gender-Konstruktions-Metapher avant la lettre nimmt sowohl die Theoriebildung der sechziger und siebziger Jahre vorweg wie auch das Konzept des *doing gender* aus den achtziger Jahren. Judith Butlers *performing gender*, die in den neunziger Jahren dominierende Idee der Konstruktion beziehungsweise Dekonstruktion und der Performativität von Geschlecht und Geschlechterrolle, steht ebenfalls in dieser Tradition. Allen bislang diskutierten Ansätzen gemeinsam ist die Vorstellung einer sozialen und kulturellen Konditionierung des Geschlechts. Judith Butler geht noch einen Schritt weiter, indem sie sogar *sex*, das biologische Geschlecht, als kulturell von einer Zwangsheterosexualität mitbestimmt versteht.

Retrospektiv lässt sich in der Kategorie Geschlecht folgende Entwicklung festhalten: Auf die Entbiologisierung der Aufklärung im 18. Jahrhundert folgt mit Darwin eine Rebiologisierung im 19. Jahrhundert. Etwa seit Mitte des 20. Jahrhunderts schwächt sich der Biologisierungstrend wieder deutlich ab und macht einer Resozialisierung Platz: Das Geschlecht erscheint als gesellschaftlich konstruiert und historisch variabel. Genus/

gender emanzipiert sich vom biologischen Geschlecht (*sexus*) und »verliert dabei jedwede Eindeutigkeit«.[23] Das ist die Hochzeit des individuellen und sozialen *doing gender* in den achtziger Jahren, gefolgt von den *gender performances* und *identity politics* in den neunziger Jahren. Zur Jahrtausendwende erfolgt mit dem *genetic turn* erneut eine Rebiologisierung der Kategorie Geschlecht. Diese Entwicklung gilt es nun ausführlicher nachzuzeichnen. Dabei kreisen die Hauptfragen im *Sex-Gender*-Diskurs um folgende Themen[24]:

– Ist der Mensch Produkt seiner Anlagen oder seiner Umwelt? Biologischen oder biologistischen und im Jargon essenzialistischen Ansichten stehen die Glaubensbekenntnisse der Generation von 1968 entgegen: Alles ist lernbar, ein Produkt und in der Verantwortung der Gesellschaft. Somit wären auch Geschlechterrollen wandelbar, Geschlechterdifferenz nicht zwingend.

– Existiert eine vorsprachliche, nämlich leiblich-körperliche »Bezüglichkeit« des Geschlechts?

– Wie ist der Produktionsprozess von Geschlecht, das *doing gender*, räumlich-zeitlich zu situieren, beispielsweise in der Architektur, der Literatur, der Musik? Wie sind seine Triebkräfte (als intellektuelles, soziales, sexuelles Begehren) zu benennen, wie sind die Verfahrensweisen? Was sind die Folgen?

– Unterstreicht ein *doing gender* den (interaktiven) Charakter einer Reproduktion von Geschlechterdifferenz?

– Ist Geschlecht lediglich als Erzeugnis sprachlich verfasster Diskurse zu begreifen, als ein künstliches, letztlich imaginäres Produkt, das je nach Macht und Bedürfnis immer wieder neu gestaltet werden kann? Ist es letztlich, weil »bloß« Diskurs und veränderbar, ohne direkte politische Konsequenzen?

– Ist Geschlecht doch wieder Essenz, Biologie, Genetik?

Zur Geschichte und Entwicklung der Women's und Gender Studies

Erste Welle der Frauenbewegung: Von den Anfängen bis 1920

Thomas Paine, Olympe de Gouges, Jean-Antoine Marquis de Condorcet, Jean-Jacques Rousseau, Mary Wollstonecraft, Mary Shelley, Sarah Mapp Douglass, Frederick Douglass, Angelina Grimké, Margaret Fuller, Susan B. Anthony, Elizabeth Cady Stanton, Lucretia Mott, Sojourner Truth, John Stuart Mill, Harriet Taylor Mill, Charles Darwin, Alice James, Charlotte Perkins Gilman, die Ladies of Langham Place, die Pankhursts

In diesem Kapitel geht es um die Geschichte der angloamerikanischen Frauenemanzipationsbewegung von ihren Anfängen bis zur Erreichung des Stimm- und Wahlrechts in den USA um 1920. Gleichzeitig markiert es, so Ute Frevert, »den Übergang von einer ständisch traditionalen zur modernen Welt, in der Demokratisierung, Verzeitlichung, Ideologisierbarkeit und Politisierung zu regieren beginnen«. Nach dem Verlust der Ständeordnung um 1798 seien im ausgehenden 18. und beginnenden 19. Jahrhundert zunehmend die Kategorien Rasse und Geschlecht als Grundelemente zur Konstituierung der neuen Ordnung hinzugezogen worden. Seit den dreißiger Jahren des 19. Jahrhunderts habe sich in den Vereinigten Staaten auch eine Politisierung des Geschlechts vollzogen.[1] Der Kampf der Frauen um Anerkennung und Gleichberechtigung begann jedoch schon früher, in den Jahren der vornationalen oder revolutionären Phase der USA. Man muss sich dabei vergegenwärtigen, wie sehr die puritanische Weltsicht die Stellung der Frau in der Kolonialzeit geprägt hat: Die Männer beugten sich Gott und dem Klerus, die Frauen den Männern. Dieses eherne Gesetz der Zweitrangigkeit der Frau wurde, wie einleitend beschrieben, biblisch mit dem Sündenfall begründet. Dennoch regte sich Ende des 18. Jahrhunderts, besonders nach der Veröffentlichung von Thomas Paines *Pamphlet of Common Sense* (1776), Widerstand. Als Theoretiker der amerikanischen Befreiung von England thematisiert Paine darin auch die Stellung der Frauen. Obwohl die Frau in den überseeischen Kolonien ein wenig bessergestellt ist als in England, bleibt sie doch ohne Stimm- und Wahlrecht und hat nach der Heirat weder ein Recht auf ihren Besitz noch einen Anspruch auf ihre Kinder. Ein Testament darf sie nicht aufsetzen, einen Vertrag nicht unterzeichnen. Ihre Stellung gleicht derjenigen von Minderjährigen und Sklaven. So erstaunt es nicht, dass die Befreiungsbewegung der Frauen von Anfang an mit derjenigen der Sklaven gekoppelt ist. Allerdings bleibt ihre Kooperation nicht ungetrübt. Zu oft finden sie sich in Konkurrenz zueinander, den Primat der Rassen- über die Frauenfrage oder vice versa debattierend. So widersetzen sich die US-amerikanischen Frauenrechtlerinnen der ersten Stunde, Susan B. Anthony und Elizabeth Cady Stanton, denn auch dem »15th Amendment«, dem Verfassungszusatz von 1868, der nach dem Bürgerkrieg (1860–1865) wohl den schwarzen Männern das Stimm- und Wahlrecht zuerkennt, nicht aber den Frauen. Doch folgen wir den Ereignissen, die zur politischen Gleichberechtigung der Frauen in England (um 1918, für Frauen über 30) und in den USA (um 1920) geführt haben, chronologisch.

1776 erlangen die USA ihre Unabhängigkeit von England. Weiterhin um ihre Gleichberechtigung kämpfen die Frauen, bestätigt in ihren Forderungen durch die Französische Revolution, die in ihrer *Declaration of the Rights of Man* Freiheit, Gleichheit, Brüderlichkeit für alle fordert. Nicht zuletzt mit Thomas Paine zirkuliert freiheitliches Gedankengut zwischen England, Amerika und Frankreich, so zum Beispiel auch

Jean-Antoine Marquis de Condorcets Schrift *On the Admission of Women to the Rights of the City* (1790). Ohne Erfolg fordert er ein aktives politisches Leben für die Frau sowie ihr Recht auf Bildung. Ebenso bekannt wie Condorcets philosophische Erörterungen zur weiblichen Emanzipation werden die politischen Forderungen von Olympe de Gouges, die das erste »feministische« Manifest verfasst hat. In ihrer Antwort auf die Erklärung der Menschen- respektive Männerrechte der Französischen Revolution, *Declaration of the Rights of Women and the Citizen* (1791), verlangt sie nach rechtlicher, politischer und erzieherischer Gleichstellung der Geschlechter. Der große Einfluss dieser revolutionären Schriften auf die USA kann durchaus als erste Welle einer »French Theory« bezeichnet werden.

Die wohl wichtigste und nachhaltigste Vorkämpferin weiblicher Emanzipation nicht nur in England ist jedoch Mary Wollstonecraft. *A Vindication of the Rights of Women* (1792) heißt das Standardwerk der britischen Erzieherin, Autorin und Vordenkerin einer kulturellen Gleichstellung der Geschlechter, wobei sie die Bildung als Vorbereitung auf eine aktive Partizipation am politischen und wirtschaftlichen Leben versteht. *A Vindication*, eine »Verteidigung« oder »Rechtfertigung« richtet sich gezielt gegen Jean-Jacques Rousseaus Theorie der »natürlichen« weiblichen Inferiorität. Wie Aristoteles ist Rousseau Anhänger eines biologischen Determinismus. Sophie, die gefällige und gefallsüchtig devote Heldin in Rousseaus Roman *Emile*, ist die eigentliche Antithese zu Wollstonecrafts »rationaler Frau«: Diese ist gebildet, selbstbestimmt und unabhängig von männlicher Zustimmung. Bekannt mit Godwin, Füssli, Priestley und Paine, bezieht Mary Wollstonecraft erstmals das Gedankengut der Aufklärung konsequent auf die Stellung der Frau. So beklagt sie die Doppelmoral in der Geschlechterfrage ebenso wie die geschlechtstypische Arbeitsteilung, die nur den Männern den Zugang zum öffentlichen Raum gewährt und die Frauen in den häuslichen Raum verweist. A *Vindication of the Rights of Women* wird zum Bestseller und Eckpfeiler des modernen Feminismus und bleibt bis ins 20. und 21. Jahrhundert wirkungsmächtig. Allerdings wird Wollstonecraft von der Nachwelt zwiespältig aufgenommen und »in das unglückliche Weib und in die sonderbare Gelehrte«[2] geteilt. 1797 stirbt sie, erst achtunddreißig Jahre alt, im Kindbett. Ihre Tochter Mary, später verheiratet mit dem Dichter Percy Bysshe Shelley, sollte übrigens mit ihrem ersten wissenschaftskritischen »Science-Fiction«-Roman *Frankenstein* (1818) Weltruhm erlangen.

Der Boden ist also bereitet. 1833 begründet die schwarze Lehrerin Sarah Mapp Douglass, unter anderem mit der weißen Frauenrechtlerin Lucretia Mott, die »Female Anti-Slavery Society«. Einflussreich in der Frauen- und Sklavenbefreiungsbewegung sind auch Angelina Grimkés *Letters on the Equality of the Sexes and the Condition of Women* (1838). Aus diesen afroamerikanischen wie weißen Wurzeln erwächst der organisierte Kampf der Frauen für ihre politische Gleichberechtigung (Women's Rights). Sie gehören in der Regel zur Glaubensrichtung der für ihre undogmatische Offenheit bekannten Quäker. Entsprechend selbstbewusst sind ihre Vertreterinnen. Als Lucretia Mott und Elizabeth Cady Stanton die Teilnahme an der Anti-Sklaverei-Konferenz in London 1840 verweigert wird, organisieren sie kurzerhand die erste »Women's Rights Convention« in der Geschichte der USA. Die »Seneca Falls Convention« (Juli 1848), benannt nach dem Austragungsort nördlich von New York, wird zum historisch bedeutsamen, aber praktisch noch folgenlosen Treffen von 200 Frauen und 40 Männern, darunter der Schwarzenführer und Sklavenbefreier Frederick Douglass. In der ironischerweise nach Thomas Jeffersons »Declaration of Independence« betitelten »Declaration of Sentiments and Resolutions« geißeln Elizabeth Cady

Stanton und Lucretia Mott patriarchalische Vorrechte: »We hold these truths to be self-evident: that all men and women are created equal [...]. The history of mankind is a history of repeated injuries and usurpations on the part of man toward woman, having in direct object the establishment of an absolute tyranny over her [...].«[3]

Wesentliche geistige Vorarbeit zur »Seneca Falls Convention« hat unter anderem Margaret Fuller mit ihrem bereits 1845 veröffentlichten feministischen Manifest *Women in the Nineteenth Century* geleistet. Die blitzartig ausverkaufte erste Auflage von 1000 Exemplaren ist ein flammender Appell zur Aufhebung aller intellektuellen und wirtschaftlichen Einschränkungen aufgrund des Geschlechts. Margaret Fuller übt, so halten Stanton und Anthony fest, mehr Einfluss auf das Denken amerikanischer Frauen aus als je jemand zuvor.[4]

Erklärtes Fernziel seit »Seneca Falls« ist das Stimm- und Wahlrecht der Frauen (»Women's suffrage«), ein Ziel, das erst 1920 verwirklicht wird. Mehr als siebzig Jahre lang gilt die öffentliche Aufmerksamkeit in erster Linie der Abschaffung der Sklaverei; nur wenige wissen beide Befreiungsanliegen zu verbinden, so etwa Sojourner Truth. Als ehemalige Sklavin, als Freiheitskämpferin, Frauenrechtlerin und Wanderpredigerin fordert sie auf der »Women's Convention« (1851) in Akron, Ohio, mit ihrer berühmten Rede »Ar'n't I a Woman?« die weißen Feministinnen auf, sich auch für die Rechte schwarzer Frauen einzusetzen. In den sechziger Jahren des 19. Jahrhunderts ist Truth die einzig vernehmbare Stimme, die für schwarze und weiße Frauen spricht und eine Verbindung zwischen Rassismus und Sexismus herstellt. Mit Stanton und Anthony priorisiert Sojourner Truth das Stimm- und Wahlrecht aller Frauen über das Stimm- und Wahlrecht schwarzer Männer, was ihr herbe Kritik aus den eigenen Reihen einträgt. Im Gegenzug und aus Dankbarkeit sammeln Stanton und Anthony

1863 im Umfeld der »Women's Loyal National League« 300 000 Unterschriften zur Abschaffung der Sklaverei.

Die nächste wichtige Station auf dem Weg zum Stimm- und Wahlrecht ist die Gründung der »American Equal Rights Association« 1866 durch Stanton, Anthony und Stone. 1869 formiert sich die »National Woman Suffrage Association« mit Elizabeth Cady Stanton als Präsidentin. Um das politische System herauszufordern, stellt sich Stanton sodann zur Wahl in den Kongress, erhält 24 von 12 000 Stimmen und muss sich vor Gericht verantworten. 1872 wird Susan B. Anthony ebenfalls verhaftet, nachdem sie sich in Rochester, NY, wählen lassen wollte.[5] 1876 verfasst sie eine »Declaration and Protest of the Women of the United States«, die sie dem Vizepräsidenten aufnötigt. 1890 kommt es zum Zusammenschluss aller »Suffrage«-Bestrebungen unter der Leitung von Stanton, Anthony und Stone: zur »National American Woman Suffrage Association« (NAWSA).

Eine wichtige literarische Stimme ist in jenen Jahren Charlotte Perkins Gilman, Autorin und Referentin für Frauenfragen, Ethik, Arbeit und Soziales. 1892 gelingt ihr der literarische Durchbruch mit *The Yellow Wallpaper*, veröffentlicht im *New England Magazine*. Darin wendet sich Perkins Gilman unter anderem gegen die damals von Dr. Weir Mitchell häufig verordneten Schlaf- und Ruhekuren für intellektuell überaktive Frauen. Männer mit der diffusen Diagnose »American nervousness«, unter ihnen übrigens der spätere Präsident Theodore Roosevelt, werden hingegen nicht buchstäblich ans Bett gefesselt wie die »nervösen Frauen«, sondern als Pioniere in den offenen Westen des Landes geschickt. Während Roosevelts Kuraufenthalt in Kalifornien zur Gründung der amerikanischen Nationalparks führt, erkrankt die in Adams Nervine Asylum mehrfach internierte und von Dr. Weir Mitchell »beruhigte« verhinderte Intellektuelle Alice James am Ende ernsthaft.[6] Der brillanten Schwester des Philosophen William James und des Autors Henry James steht keine entsprechende Ausbildung offen, ein Schicksal, das auch Virginia Woolf widerfahren sollte.[7] Ähnlich wie Perkins Gilman kann sich auch Alice James nie wirklich ihren Fähigkeiten gemäß entwickeln.

1898 stellt Charlotte Perkins Gilman schließlich konkrete wirtschaftliche Forderungen. In ihrem zweiten wichtigen Text, *Women and Economics: A Study of the Economic Relation Between Men and Women as a Factor in Social Evolution*, verlangt sie eine gerechte Entlohnung der Hausarbeit. Erst nach dem Ersten Weltkrieg (1914–1918) jedoch, in dem sich die Frauen vielfältig an der Arbeits- und Heimfront bewährt haben, wird ihnen im »19th Amendment« 1920 endlich das Stimm- und Wahlrecht zuerkannt.

Bevor wir uns der zweiten Welle der Frauenbewegung zuwenden, ein kurzer Blick zurück nach England, wo das Frauenwahlrecht in zwei Etappen erreicht wird: 1918 wird das Stimm- und Wahlrecht für Frauen über dreißig Jahre eingeführt, 1928 für alle Frauen ab einundzwanzig. Einer der wichtigsten Wegbereiter nach Mary Wollstonecraft ist John Stuart Mill, gemeinsam mit seiner Frau Harriet Taylor Mill. Bereits 1832 fordert Harriet Taylor das Sorgerecht für die Kinder und finanzielle Unterstützung für geschiedene Frauen.[8] In seiner Schrift *The Subjection of Women* (1869) verlangt der britische Philosoph und Begründer des Utilitarismus die Geburtenkontrolle als Voraussetzung für die Emanzipation der Frau und votiert außerdem für gleiche Bildungschancen für alle. 1865 unterstützt Mill die Gründung der ersten »British Woman-Suffrage Association«. Seine prominentesten Gegner sind Queen Victoria und die Premierminister Gladstone und Disraeli.

1856 gründen die »Ladies of Langham Place«, Barbara Leigh Smith und Bessie Rayner Parkes, ein Zentrum zur politischen Ermächtigung von Sklaven und Frauen. Ihre erste Petition gilt der »Married Woman's Property Bill« (1856), die Frauen nach der Heirat Besitz und Einkommen garantiert. 1865 organisieren die Ladies auch Petitionen zur Unterstützung eines parlamentarischen Antrags zugunsten des Stimm- und Wahlrechts für alle. John Stuart Mill stellt ihn dann im Parlament, freilich noch ohne Erfolg.

In den siebziger und achtziger Jahren formiert sich in England eine Gegenbewegung, »Social Purity Feminism«, die eng mit dem einerseits kritisierten, andererseits gestärkten »Cult of True Womanhood« zusammengeht und folgende weiblichen Ideale propagiert: Frömmigkeit, Reinheit, Unterwürfigkeit und Häuslichkeit.[9] Entweder ist die Frau die reine, tugendhafte und sittsame Hausheilige oder aber die unreine, gefährliche Verführerin und Hure. »Social Purity Feminism« und die Abstinenz- oder »Temperance«-Bewegung bekämpfen gemeinsam – basierend auf evangelischen Prinzipien – Alkohol, Gewalt und sexuelle Ausschweifung als familien- und frauenbedrohende männliche Verhaltensmuster. Damit ist die reine, edle Frau für die moralische Aufrüstung ihres Mannes und ihrer Familie in die Pflicht genommen und verantwortlich.

Um das Stimm- und Wahlrecht in England verdient macht sich des Weiteren eine Familie der besonderen Art: die Pankhursts, mit Wohnsitzen im industrialisierten Manchester und in London. Für die »Winning-the-Vote«-Kampagne engagieren sich Emmeline Pankhurst, ihr Mann, der Jurist Richard, sowie die Töchter Christabel und Sylvia. Sie alle verhelfen nach fast zwanzigjährigem politischem Einsatz und nach dem Ersten Weltkrieg der politischen Gleichberechtigung der Frau wesentlich zum Durchbruch. Von Anfang an sind die Pankhursts politisch militant und nutzen gewerkschaftliche wie parlamentarische Vorstöße genauso wie den Straßenkampf.

Damit ist das Ziel der politischen Gleichberechtigung der

Geschlechter nach einem mehr als hundertjährigen Kampf erreicht. Seit Mary Wollstonecraft wissen Feministinnen, dass die Unterordnung der Frau weder »natürlich« noch »unwiderruflich« ist. Dabei fehlt es ihnen allerdings an wissenschaftlichem Beweismaterial. Charles Darwins Evolutionstheorie bietet in den achtziger Jahren des 19. Jahrhunderts der Gegenseite immerhin einen Erklärungsansatz. Die »natürliche Selektion« begünstige stets den Stärkeren, Durchsetzungsfreudigeren, besser Angepassten. Unterstützung erhalten die Feministinnen jedoch von Karl Marx und Friedrich Engels. In seinem Buch *The Origins of the Family, Private Property and the State* (1884) erbringt Engels den ethnografischen wie historischen Beweis, dass die soziale Position der Frau, beispielsweise in frühen keltischen oder Iroquois-indianischen Gesellschaften, keineswegs grundsätzlich inferior ist. Der historische Materialismus Engels' ist heute nicht in allen Punkten unbestritten, doch seine Einsichten in die Auswirkungen sozialer und ökonomischer Strukturen auf Familie und Gesellschaft faszinieren weiterhin durch ihre Aktualität. Engels' Ideen bleiben nicht ohne Folgen in Deutschland, wo sie auf Clara Zetkin und Rosa Luxemburg einwirken.

Zweite Welle der Frauenbewegung: 1920 bis 1990

Wegbereiterinnen 1920 bis 1950
Woolf, Stein, Hurston / de Beauvoir

Nachdem das Stimm- und Wahlrecht 1920 errungen ist, kommt es 1923 zum Entwurf des »Equal Rights Amendment« (E. R. A.), eines Gleichstellungsprojekts der Frauenbewegung, das bis in die achtziger Jahre aktuell bleiben sollte, aber nie ratifiziert wird. Die jungen Frauen in den zwanziger Jahren zeigen kein größeres Interesse an Emanzipationsfragen, sie sehen ihre

Forderungen erfüllt – sie wählen, rauchen, tragen leichte Kleidung und bewegen sich freier. Und insgeheim belächeln sie die Anstrengungen ihrer feministischen Mütter und Großmütter: eine Form von *backlash*, die sich in den neunziger Jahren wiederholen sollte.

Ein wichtiges Postulat, gleiche Bildung für alle, wird in den zwanziger Jahren jedoch eingelöst, das betrifft auch die universitäre Ausbildung. Man muss sich aber an dieser Stelle vergegenwärtigen, dass die Widener Library der Harvard University bis 1968 für Frauen verschlossen bleibt und erst auf politischen Druck hin geöffnet wird. Frauen wie etwa Gertrude Stein haben wohl Zugang zum angeschlossenen Radcliffe College, bleiben aber dort unter sich. Seit 2000 ist Harvards Frauencollege aufgehoben, heute heißt es »The Radcliffe Institute for Advanced Study«.

Vor geschlossenen Bibliothekstüren in Oxbridge (Oxford/Cambridge) findet sich auch Virginia Woolfs Erzählerin aus *A Room of One's Own* (1929):

»[...] but here I was actually at the door which leads into the library itself. I must have opened it, for instantly there issued, like a guardian angel barring the way with a flutter of black gown instead of white wings, a deprecating, silvery, kindly gentleman, who regretted in a low voice as he waved me back that ladies are only admitted to the library if accompanied by a Fellow of the College or furnished with a letter of introduction.

That a famous library has been cursed by a woman is a matter of complete indifference to a famous library. Venerable and calm, with all its treasures safe locked within its breast, it sleeps complacently and will, so far as I am concerned, so sleep for ever.«[10]

Ihren Ausschluss vom Wissensarchiv Bibliothek beklagt die Protagonistin auch im Namen anderer Frauen: »Here then was I – call me Mary Beton, Mary Seton, Mary Carmichael or by any name you please – it is not a matter of importance.«[11] In dieser informellen britischen Sozialgeschichte weiblichen Schreibens fordert Woolf, die große Autorin des Modernismus, die Literatur- und Kulturkritikerin sowie zentrale Figur der literarischen Bloomsbury-Gruppierung, für die schriftstellerisch und akademisch tätige Frau noch weit mehr als Einlass in die Universitätsbibliothek: ein »eigenes Zimmer« und ein eigenes Einkommen als Voraussetzung unabhängiger intellektueller Arbeit. Frauen brauchen Geld und Ungestörtheit: Der Text, ursprünglich als Vortrag an den neu gegründeten Frauen-Colleges Newnham und Girton gehalten[12], erscheint im Oktober 1929, zu einem Zeitpunkt, da die Frauenbewegung – fast ausschließlich auf das Stimm- und Wahlrecht für Frauen fokussiert – ihr Ziel erreicht hat und ein feministisches Statement nicht länger anarchistisch, vielmehr anachronistisch anmutet. Zwar liegt ein streitbarer Feminismus Virginia Woolf ohnehin fern, doch es ist schon eine merkwürdige Koinzidenz, dass *A Room of One's Own* dem Londoner Publikum im Herbst 1929 angeboten wird, als die Wallstreet zusammenbricht und die Aufmerksamkeit der Intellektuellen sich nicht den Problemen der Frau, sondern jenen von Wirtschaft und Weltkrise zuwendet. Dies sollte durch die Depressionsjahre bis zum Zweiten Weltkrieg andauern. *A Room of One's Own* bringt Woolf keine der von ihr befürchteten, sie lächerlich machenden oder ausweichenden Kritiken, noch verschafft der Text ihr den Ruf, eine Frauenrechtlerin oder Lesbe zu sein.[13] Die Vorwürfe richten sich vielmehr auf die Klassenfrage. Woolf sei ein Snob, eine elitäre Ästhetin, wie ihr Bestreben nach einer Welt zeige, in der Shakespeares Schwester ihre Begabung ausleben könne, statt nach einer Welt, die der Frau eines Grubenarbeiters ihre

Eigentumsrechte und ihr Überleben garantiere. Es öffnet sich hier die besonders die zweite Hälfte des 20. Jahrhunderts prägende Kluft zwischen politischem Engagement und künstlerischer, wissenschaftlicher Leistung für die Sache der Frau.

Ausgehend von der Annahme, Shakespeare habe eine Schwester gehabt, werden in *A Room of One's Own* tatsächlich »bloß« die vielfältigen Diskriminierungen, denen Autorinnen ausgesetzt sind, angeprangert. Letztlich geht es Woolf um fehlende, das heißt ungenügend wahrgenommene weibliche Vorbilder, um ermöglichte und ermächtigte Autorschaft. Ein explizit sozial engagiertes oder betont »weibliches Schreiben« lehnt sie zugunsten einer androgynen Art der Kunst ab. Im letzten Kapitel ihres Essays erinnert sie unter anderem an Coleridge und Shakespeare, deren großer Geist doppelgeschlechtlich sei: »One must turn back to Shakespeare then, for Shakespeare was androgynous; and so were Keats and Cowper and Lamb and Coleridge.«[14] Der ein Jahr früher, 1928 erschienene fantastische Roman *Orlando*, eine fiktive Biografie, verfolgt ebenfalls die Karriere einer androgynen Protagonistin. Ausgehend von einer maskulinen Identität in der Renaissance, wechselt Orlando über die Jahrhunderte mehrmals das Geschlecht und erlebt bis in die zwanziger Jahre des 20. Jahrhunderts die Vor- und Nachteile eines männlichen und weiblichen Geschlechtshabitus. In *Three Guineas* (1938) fordert Woolf die Frauen auf, ihre eigene Literatur und Geschichte gegen die großen Regisseure und Drahtzieher, gegen den Faschismus zu entwickeln.

Virginia Woolf ist in einer neuen, anderen Art revolutionär: Nicht nur nimmt sie zentrale Fragen der erweiterten Kanonbildung und der (feministischen) Literaturkritik vorweg.[15] *A Room of One's Own* wie *Orlando* reklamieren für die Frau symbolische öffentliche Räume des Wissens und Handelns. Woolf bestätigt darüber hinaus Charlotte Perkins Gilmans und

Mary Wollstonecrafts Forderung nach wirtschaftlicher Eigenständigkeit. – Leider habe sich die feministische Kritik stets auf Woolfs Essay *A Room of One's Own* berufen und die revolutionäre experimentelle Prosa Woolfs verkannt, die in dem Roman *The Waves* (1931) ihren Höhepunkt fand, moniert Osinski zu Recht. Weder Elaine Showalter noch andere engagierte Kritikerinnen erfassen die avantgardistische Form der Romane, die die Wirklichkeit sprachlich konstruieren statt abbilden und gerade deshalb auch politisch seien, weil sie zeigen, dass man Sprache und Erfahrung nicht voneinander trennen könne.[16] Zur Kultfigur sei Woolf erst in der feministischen Dekonstruktion der achtziger Jahre geworden, denn in den siebziger Jahren haben die Feministinnen die erzählende Literatur des 19. und des frühen 20. Jahrhunderts bevorzugt.[17] Trotz androgyner Schreibposition stellt Woolf die historische, politische oder körperliche Signifikanz der sexuellen Identität nie in Frage. Was sie in Frage stellt, ist die Rigidität, mit der die Kategorien »Mann« und »Frau« in der zeitgenössischen Literatur reproduziert werden. Woolf verweist also auf die wichtige Rolle der Literatur für die Produktion und Reproduktion fiktiver Geschlechterstereotype, die wiederum auf die Realität zurückwirken. Virginia Woolf schafft in ihrem Werk wesentliche Grundlagen zur Entwicklung der Women's und Gender Studies in der zweiten Hälfte des 20. Jahrhunderts.

Nach den »Roaring Twenties« und ihrem Ende im weltweiten Börsenkollaps 1929 folgen die Jahre der »Great Depression« in den USA – und der Aufstieg eines totalitären Machthabers, wie ihn Virginia Woolf in *Three Guineas* vorwegnimmt. Die Kriegsjahre zwischen 1939 und 1945 bringen Männern wie Frauen erneut Entbehrung und fordern Einsatz und Überlebenskraft. Wie im Ersten Weltkrieg sind die Frauen in die Kriegsproduktion eingebunden, tätig auch in den verschiedensten Bereichen der Schwerindustrie. »Rosie the Riveter«,

›Rosie die Nieterin‹, wird zum Sinnbild einer Arbeiterin in der Flugzeugfabrikation. Nach Kriegsende werden die Frauen jedoch angehalten, ihre Positionen den Veteranen zu überlassen, was nicht selten zu Frustrationen auf beiden Seiten führt. Eine vergleichbare Situation ist schon 1918 zu beobachten gewesen; die Frau wird als Manipuliermasse genutzt, im Notfall rekrutiert, bei Nichtgebrauch sogleich relegiert.

Bevor wir uns der anderen wichtigen Autorin der zweiten Welle der Frauenbewegung, Simone de Beauvoir, zuwenden, blicken wir kurz auf zwei vielleicht weniger bekannte Autorinnen, deren ausgeprägt modernes Schreiben inhaltlich wie formal nicht minder revolutionär ist und ebenfalls nachhaltige Veränderungen hervorgerufen hat: die Amerikanerin Gertrude Stein und die Afroamerikanerin Zora Neale Hurston. Ihr Beharren auf dem »continuous present« als Erzähltempus, ihr Verzicht auf Satzzeichen, ihr spröder Wortschatz und ihre Wiederholungen – »Rose is a rose is a rose« – verschaffen Gertrude Stein in der literarischen Szene der zwanziger Jahre den Ruf einer Erneuerin, einen Rang, den sie mit Virginia Woolf teilt. Manche ihrer Sätze gehören inzwischen zum Ausdrucksinventar amerikanischer Alltagssprache: »The days are wonderful and the nights are wonderful and the life is pleasant«; »pigeons on the grass alas«; »there isn't any there there« (über Oakland, CA). Gemeinsam mit ihrer Lebensgefährtin, Alice B. Toklas, lebt Stein meist in Paris und führt einen Salon, in dem unter anderem Anderson, Hemingway, Fitzgerald, Picasso, Matisse, Cézanne und Braque verkehren. Three Lives (1909), ihre erste, den Kubismus nachbildende experimentelle Prosaarbeit, und vor allem The Autobiography of Alice B. Toklas (1933) machen Person und Werk schlagartig bekannt. Revolutionär ist nicht nur Steins avantgardistische Prosa, revolutionär sind auch ihre teilweise witzigen expliziten Schilderungen lesbischer Lust. In jener Zeit ist lesbische Liebe ein Politikum und in der Öffentlichkeit kaum toleriert. Gertrude Stein wird auch zu einer wichtigen Vorreiterin der Queer Theory der achtziger und neunziger Jahre und einer allgemeinen Akzeptanz homoerotischer Lebensgestaltung.[18]

Eine vergleichbare Vorreiterrolle nimmt Zora Neale Hurston ein. In den zwanziger Jahren der »Harlem Renaissance« und in den dreißiger Jahren bekannt, fällt Hurston in Ungnade, Vergessenheit und Armut und wird erst durch Alice Walker in den siebziger Jahren wieder reetabliert. Heute gehört sie zu den wichtigsten afroamerikanischen Stimmen. Auf dem von Walker errichteten Grabstein in Eatonville, Florida steht: »Zora Neale Hurston. A Genius of the South. Novelist, Folklorist, Anthropologist«. Diese Beschreibung umspannt Hurstons Wirken und Lebenskreis. In ihrem bekanntesten Roman verwendet Hurston die afroamerikanische Vernakularsprache, mit der sie sich als Kulturanthropologin wissenschaftlich beschäftigt hat. Ein mutiger emanzipatorischer Schritt, ist doch in der Regel die Nicht-Standardsprache ein untrügliches und verpöntes Zeichen mangelnder Bildung.

Den spektakulärsten Anfang weiblichen afroamerikanischen Schreibens hat im 18. Jahrhundert jedoch schon das von seinen Besitzern in die Schreibkunst eingeweihte Sklavenmädchen Phillis Wheatley gesetzt. Dass es so früh, so mühelos und perfekt Gedichte, oft Sonette, im Stile Miltons verfassen kann, ist ein Politikum erster Güte. Ein derart explosives Aufeinandertreffen von Fragen zu »race, class, gender« lässt im Jahre 1772 in Boston achtzehn der bedeutendsten Persönlichkeiten Neuenglands zusammenkommen, um die Kunst der Sklavin zu beurteilen. Viel steht auf dem Spiel. Nicht weniger als die Tatsache, dass die Kunst dieses Schreibens ein Zeichen hoher Vernunft ist. Immanuel Kants wie Thomas Jeffersons Annahme, schwarze Sklaven seien bildungsunfähig, droht widerlegt zu werden. Phillis Wheatley besteht die Prüfung bravourös, doch das, so Henry Louis Gates, Jr., bringt die »chain of being« vollends durcheinander.[19] Denn zu jener Zeit ist die Hierarchie noch intakt und führt vom niedrigsten »Hottentotten« hinauf zum höchsten Geist eines Milton oder Newton. Der jungen Dichterin jedenfalls wird in Boston offiziell ihre Autorschaft attestiert, und sie bleibt ihr Leben lang Autorin.

Die Erfahrungen von Frauen wie Phillis Wheatley oder hundert Jahre später Elizabeth Cady Stanton zeigen die zentralen Fragestellungen der Frauenbewegung sowie der feministischen Forschung auf: Einerseits geht es um Wirkungs- und Legitimationszusammenhänge, andererseits um den sozialen und politischen Rang der Trägerinnen und Träger. Frauen wie Minoritäten finden sich stets auf den untersten Stufen der »chain of being«.

Doch zurück zu den Nachkriegsjahren, zu der Zeit, in der Simone de Beauvoirs epochales Werk, *Das andere Geschlecht. Sitte und Sexus der Frau* (frz. 1949, dt. 1951), entsteht. Die Grundidee von Beauvoir sei kein Geschlechterkampf, so Osinski, sondern ein wechselseitiges Geben und Nehmen, das letztlich auf ihrer existenzphilosophischen Haltung basiere: Der Mann soll nicht »das ›Andere‹ des Eigenen auf die Frauen projizieren, sondern als Teil seiner selbst anerkennen«.[20] Aus dieser Erkenntnis heraus erwachse erst eine mögliche Gleichberechtigung. Eigentlich gehören für Beauvoir Geschlechterdifferenz und mit ihr die Sexualität in den Bereich des Biologischen und Körperlich-Materiellen.[21] Diese leicht erkennbaren Argumentationsschwierigkeiten von Simone de Beauvoir werden Anfang der siebziger Jahre kaum zur Kenntnis genommen. Wesentlicher war das Gleichheitspostulat der These, dass man nicht als Frau geboren, sondern zu einer Frau gemacht werde.

Wegbereiterinnen 1960 bis 1970
Friedan, Parks, Firestone

Civil Rights Movement und Women's Studies

Die »Roaring Fifties«: Ein wirtschaftlicher Aufschwung im angloamerikanischen und europäischen Raum bringt nach dem Zweiten Weltkrieg Wohlstand für breite Massen. Zahlreiche Geräte, darunter Kühlschrank, Waschmaschine, Staubsauger und Mixer, erleichtern die Haushaltführung. Doch die so gewonnene freie Zeit bedeutet nicht automatisch eine größere Erfüllung, sind doch die Möglichkeiten der Entfaltung für Frauen nach wie vor eingeschränkt: »The problem that has no name – which is simply the fact that American women are kept from growing to their full human capacities – is taking a far greater toll on the physical and mental health of our country than any known disease«: Betty Friedans einflussreicher Klassiker, *The Feminine Mystique* (*Der Weiblichkeitswahn*), bringt 1963 das Lebensgefühl jener Frauen auf den Punkt und die Diskussion über Geschlechterrollen in Gang. Grundlage des Buches ist eine Umfrage unter Friedans Mitabsolventinnen am Smith College. Fünfzehn Jahre nach Studienabschluss finden sich die einst ambitionierten Frauen als »grüne Witwen« in prosperierenden amerikanischen Vorstädten wieder. Doch die Kehrseite der Mystifizierung ihrer Hausfrauen- und Mutterrolle (»the feminine mystique«), die den Babyboom jener Jahre begleitet, ist eine latente Unzufriedenheit. Ungeachtet ihrer Ausbildung und neuen Freizeit bleibt die Frau in einer psychologischen Abhängigkeit an Haus und Herd gebunden oder erlebt, falls berufstätig, unterschwellige Diskriminierung am Arbeitsplatz.

Dieses doppelte Unbehagen verdichtet sich langsam, aber stetig zu einer zweiten Welle der feministischen Bewegung: Sie zielt einerseits auf eine stärkere wirtschaftliche Gleichstellung und Integration der Frau, andererseits auf eine wissenschaftliche Aufarbeitung dieses Unbehagens als Geschlechterdifferenz. Ein idealer Nährboden für die geschlechtsspezifischen Anliegen ist die Aufbruchstimmung des »Civil Rights Movement« der frühen sechziger Jahre. Doch im Vergleich zur politischen und wirtschaftlichen Realität afroamerikanischer Frauen (und Männer) scheinen die weißen Anliegen auf den ersten Blick Luxus.

1963 ist nicht nur das Jahr von Betty Friedans *The Feminine Mystique*, sondern auch das Jahr des »March on Washington« unter der Führung von Martin Luther King, Jr. Was der im selben Jahr ermordete, der afroamerikanischen Bevölkerung wohlgesinnte Präsident John F. Kennedy am 17. Juli gestattet, ist eine Kundgebung »in the great tradition of peaceful assembly for the redress of grievance«.[22] Martin Luther King hält seine bewegende Rede »I Have a Dream«. Sein Traum umfasst nichts anderes als das, was bereits 1865, nach Abschaffung der Sklaverei, gefordert worden ist: Chancengleichheit, politische Anerkennung und gerechte Förderung für die afroamerikanische Bevölkerung, denn seit dem als »Plessy vs. Ferguson« (1896) bekannten Gerichtsurteil gilt weiterhin: »separate but equal« – »getrennt, doch gleichgestellt«. Die Rassentrennungsgesetze, die sogenannten »Jim Crow Laws« im öffentlichen Verkehr, bleiben bestehen. Erst 1954 wird die Doktrin der Segregation auf Schulebene im Urteil »Brown vs. Board« aufgehoben. Und am 1. Dezember 1955 schreibt eine weitere afroamerikanische Frau Geschichte: Rosa Parks (2005 verstorben) aus Montgomery, Alabama, weigert sich, ihren Sitzplatz im Autobus für einen weißen Mann aufzugeben, wie es das Gesetz fordert. »She sat to get up – Sie blieb sitzen, um aufzustehen.« Das Gedicht *Rosa* von Rita Dove (1999) zollt diesem historischen Moment Respekt: »How she sat there, / the time right inside a place / so wrong it was ready.« Das ist nicht nur der Auftakt des legendären einjährigen schwarzen Busboykotts in Montgomery, es ist auch der Anfang einer Bürgerrechtsbewegung, die 1963 schwarze und weiße Anliegen prägnant zu formulieren beginnt und 1964 Präsident Johnson zwingt, den »Civil Rights Act« »outlawing discrimination in voting and public accommodations and -requiring fair employment practices« zu unterzeichnen. 1965 wird der »Voting Rights Act« in Kraft gesetzt: »eliminating literacy and other voter ›tests‹«. Im selben Jahr benutzt Präsident Johnson erstmals den Begriff »affirmative action«, als Quotenregelung und Wiedergutmachung gedacht, die allen Arbeitssuchenden und Angestellten garantiert, dass sie nicht wegen ihrer Rasse, Hautfarbe, Religion, Geschlechtszugehörigkeit oder Abstammung benachteiligt werden.

Wie im 19. Jahrhundert ist der »schwarz-weiße« Kampf gegen Geschlechter-, Rassen- und Klassendiskriminierungen entschieden stärker miteinander verzahnt als üblicherweise wahrgenommen, eine gemeinsame historische Würdigung deshalb unumgänglich.

So ist die revolutionäre Kraft der Bürgerrechtsbewegung (»Civil Rights Movement«) auch wesentlich für die Ausformung der Feminist und Women's Studies, die sich, analog zu den Black Studies, in jenen Jahren entwickeln. Frauen wie Schwarze kämpfen gegen ihre Unterdrückung und Marginalisierung in allen wichtigen Bereichen des öffentlichen Lebens. Beiden Bewegungen wichtig ist einerseits die Kritik an der dominanten Kultur des herrschenden Geschlechts, in Gestalt des weißen Mannes meist identisch mit der herrschenden Rasse, andererseits das Sichtbarmachen des Vergessenen, Verdrängten, die Suche nach dem Authentischen. Es ist eine Phase der Bewusstseinsbildung, deren erklärtes Ziel es ist, zwischen eigenen und aufgezwungenen Denk- und Handlungsmustern und Geschlechterrollen zu differenzieren. Ob eine derartige

Unterscheidung überhaupt möglich ist, wurde in den politisch orientierten siebziger Jahren wenig diskutiert.

Entscheidend aber ist die Institutionalisierung der Women's Studies als akademisches Lehr- und Forschungsgebiet mit feministischer Perspektive, das sich im Anschluss an die politische Auseinandersetzung der sechziger Jahre entwickelt hat. Zu den Themenbereichen gehören die Artikulation und Kritik der Stellung der Frau in Gesellschaft, Kultur und Wissenschaft, ihrer Ausbeutung, Diskriminierung und sexuellen Unterdrückung sowie ihrer mangelhaften Präsenz im symbolischen öffentlichen Bereich. Von Anfang an kennzeichnen die Women's Studies auch Theoriedebatten und Auseinandersetzungen um (frauen-)politische Ausrichtungen. Ethnische und gesellschaftliche Differenzen unter Frauen treten schon vereinzelt als relevante verhandelbare Kategorien ins Blickfeld der Debatten.

Die Pionierrolle für das erste »Women's Studies Program« nimmt das San Diego College 1970 ein, gefolgt von der Cornell University, Ithaca. Was einst mit gemeinsamen interdisziplinären Ringvorlesungen begonnen hat, hat sich längst zu etablieren vermocht. In den USA haben sich seither rund 700 Studiengänge gebildet; mehr als zwei Drittel der etwa 3000 Hochschulen bieten heute Women's Studies an. Seit Mitte der siebziger Jahre wurden zudem Frauenforschungszentren an allen großen amerikanischen Universitäten eingerichtet, das Fach ist institutionalisiert. Einen guten Überblick zur Entstehung und Institutionalisierung von Women's Studies geben Helen S. Astin und Ann Parelman in ihrem 1973 erschienenen Text *Women's Studies in American Colleges and Universities* (*International Social Science Journal* Nr. 25, S. 389–400), außerdem Catharine R. Stimpson mit *The New Scholarship about Women* (1980), veröffentlicht in den *Annals of Scholarship. Metastudies of the Humanities and Social Sciences.*

In Großbritannien findet die erste »Women's Liberation Conference« 1970 statt. Auch die britische Frauenbewegung der zweiten Welle entsteht Ende der sechziger Jahre im Anschluss an die internationalisierte Bürgerrechtsbewegung, behält jedoch einen stärkeren Bezug zur Arbeiterinnenklasse und den sozialistischen Feministinnen und ist politisch stärker verankert, allerdings weniger gut organisiert als in den USA. 1970 beschließt eine Gruppe von Frauen bei einem »History Workshop« spontan, die erwähnte Women's Liberation Conference abzuhalten: das ist der Beginn der britischen Bewegung. Wichtige Beiträge liefern Germaine Greer (*The Female Eunuch*), Sheila Rowbotham (*Woman's Consciousness; Man's World*), Ann Beattie (*Secrets and Surprises*), Zillah Eisenstein (*Capitalist Patriarchy and the Case for Socialist Feminism*), Catherine Belsey (*The Feminist Reader. Essays in Gender and the Politics of Literary Criticism*). Die stärkere politische Dimension geht aus diesen Titeln hervor.

In den USA wie in Großbritannien bilden sich in den siebziger Jahren drei Haupttendenzen einer sich rasch ausbreitenden praktischen und (literatur-)theoretischen Frauenemanzipation heraus, die sich in den genannten Analysen spiegeln: »Radical feminists«, »Social feminists« und »Liberal feminists«:

- Radikale Feministinnen sehen das Hauptproblem im Patriarchat. Das gesamte System männlicher Machtentfaltung gegenüber Frauen (in Familie, Politik, Industrie, Militär, Kultur und Wissenschaft) muss bekämpft werden. Frauen sind eine Klasse, Männer die andere.
- Sozialistische Feministinnen sehen das Hauptproblem in einer doppelten Ausbeutung: männliche und kapitalistische Profitgier. Frauenbefreiung ist nicht möglich unter der Herrschaft der Männer und des Kapitals.

– Liberale Feministinnen suchen nach praktikablen Lösungen: frauenfreundliche Reformen, Korrekturen, weibliche Rollenvorbilder.

Beispielhaft für einen radikalfeministischen Ansatz ist das Buch einer in New York lebenden Kanadierin: Shulamit Firestones *The Dialectic of Sex: The Case for Feminist Revolution* fordert nicht weniger als die sexuelle Revolution und ist zugleich eine Abrechnung mit geschlechtertypischen Rollenklischees, die in der Industriegesellschaft überflüssig geworden sind, aber zur Unterdrückung von Frauen und Kindern weiterhin aufrechterhalten bleiben. Firestone radikalisiert Theorien von Beauvoir, Marx, Engels und Freud zum Gegenentwurf einer befreiten Gesellschaft der Zukunft.

Feminist Literary Criticism

Einzug in die Women-Studies-Programme, die sie maßgeblich mitbegründet hat, hält die Literaturwissenschaft mit einer Reihe von Studien, in denen Literatur und Literaturgeschichte widerständig, ja »gegen den Strich« gelesen werden. Zu den ersten Stimmen dieses Feminist Literary Criticism gehört Mary Ellmanns *Thinking about Women* (1969), eine Kritik an misogynen Denkmustern, sowie Kate Milletts berühmt gewordene Doktorarbeit mit dem Titel *Sexual Politics*. Beide Analysen untersuchen weibliche Stereotype in Werken von Autoren. Thematische Hauptfragen sind: Wie werden Frauen dargestellt? Wie wirken sich diese Weiblichkeitsbilder auf das Selbstverständnis der Frauen aus? Werden hierarchische Muster in der Literatur fest- und fortgeschrieben? Wie ist das Verhältnis zwischen Männerfantasien und Frauenerfahrungen? In *Sexual Politics* (1969) übt Kate Millett scharfe Kritik an allen Formen männlicher Dominanz, Gewalt und weiblicher Unterwerfung, wobei *sexual politics* als Organisation und Struktur von Herrschaftsverhältnissen definiert wird. Sie richtet den Blick darauf, wie die Heldinnen in den Werken wichtiger Autoren, etwa bei D. H. Lawrence, Henry Miller, Norman Mailer oder Jean Genet, positioniert sind. Das führt sie zur Erkenntnis kulturell kodierter und tradierter »männlicher« Wertsysteme, die weibliche Identität erst herstellen. Diese ist für Millett nie biologisch, sondern soziohistorisch konditioniert, deshalb auch dekonstruierbar. Millett bezieht sich in diesem Zusammenhang ausdrücklich auf Robert J. Stollers Studie *Sex and Gender* (1968). Als Künstlerin geht es Millett auch um das positive Bild weiblichen Kunstschaffens.

Obwohl *Sexual Politics* den Weg für weitere wichtige Genderanalysen mitbereitet hat, etwa für Katherine M. Rogers *The Troublesome Helpmate: A History of Misogyny in Literature* oder Judith Fetterleys *The Resisting Reader*, wird heute Milletts allzu einseitige Lektüre, etwa von D. H. Lawrences *Lady Chatterley's Lover* als reiner Sexismus, kritisiert.[23] Es wäre jedoch falsch, Kate Milletts *Sexual Politics* als bloßen Angriff auf den Sexismus einzelner Autoren zu begreifen. Schon der Titel verweist auf eine Kernaussage feministischer Denk- und Analysekultur: Das Private ist politisch.

Zu den Pionierinnen des Feminist Criticism gehört auch Judith Fetterley. In ihrem Hauptwerk, *The Resisting Reader* (1976), konzentriert sie sich auf die ideologischen Weiblichkeitsbilder in der Literatur von Autoren: Stereotype wie die Frau als Engel, Teufel oder Hexe, als Hure oder Heilige, als Reine oder Verführerin beziehungsweise Femme fatale, als Allegorie der Tugenden oder Laster werden in ihrer Präsenz und Funktion diskutiert. Damit gehört Judith Fetterley zu den Vertreterinnen der »Images of Women Critique«.[24] Später beginnt sie sich auch für das Schreiben von Frauen und für spezifisch weibliche Schreib- und Lesepositionen zu interessieren. Sie schreitet von der »Autorenschelte« der ersten Phase des »feminist criticism« zur Entdeckung und Würdigung von Autorinnen.

Nicht unähnlich ist ihr darin die wohl wichtigste Mitbegründerin des Feminist Literary Criticism: Elaine Showalter. Als Literaturwissenschaftlerin, Kulturwissenschaftlerin und Medizinhistorikerin geht es ihr ebenfalls um eine Revision des Frauenbildes in der Literatur, wobei sie zur Erfinderin des Gynocriticism wird. *Towards a Feminist Poetics* (1979) verdeutlicht Showalters feminozentrische Position auch in ihrer Unterscheidung von »hismeneutics« und »hermeneutics«. In der Annahme, weibliche Perspektiven, Fantasien und Erfahrungen schrieben sich in die Figuren und Werke von Autorinnen ein, verfolgt sie entsprechende Spuren weiblichen Schreibens und Eingeschriebenseins in Körper und Text. Ihr Vergleich von Frauen mit Wilden beziehungsweise Wildnis, von Frauen und verschiedenen Arten von Andersheit, schlägt sich im viel beachteten Aufsatz *Feminist Criticism in the Wilderness* (1981) nieder. Mit »Wildnis« ist eine verstummte weibliche Kultur jenseits männlicher Dominanz gemeint. Damit stellt sich Showalter nicht nur in die Tradition feministischer Theorie, in der die Parallelisierung von Frau und unterdrückter »Rasse« geläufig ist, sondern auch in die Geschichte der (westlichen) Zivilisation. Seit Denis Diderots Essay *Über die Frauen* (1772) wird die Frau als zwar äußerlich zivilisierter als der Mann, innerlich aber als wahre Wilde gebrandmarkt.[25] Dagegen entwickelt Showalter ihren Gynocriticism als frauenzentrierte, unabhängige und intellektuell schlüssige Spurensuche und Theorie. Darüber hinaus versucht sie, männliche Theoriebildungen zu korrigieren und zu modifizieren, sie verharrt nicht, wie Millett, in der Kritik an einem als androzentrisch verstandenen Schreiben. Elaine Showalter stellt zudem das bislang »neutrale« und »ungeschlechtliche« Forscherindividuum radikal in Frage.

In Abgrenzung zu dem von ihr begründeten Gynocriticism als exklusive Beschäftigung mit Texten von Autorinnen soll sich die Images-of-Women-Kritik ebenfalls auf die von Männern geschriebenen und im Patriarchat kanonisierten Texte beziehen. Für diese zweite, offenere Version führt Elaine Showalter bereits 1979 den Begriff »Feminist Critique« ein: »The feminist critique is essentially political and polemical, with theoretical affiliations to Marxist sociology and aesthetics; gynocritics is more self-contained and experimental, with connections to other modes of new feminist research.«[26]

Noch fruchtbarer als diese theoretischen Konzepte ist ihre Studie *A Literature of Their Own: British women novelists from Brontë to Lessing* (1977), weil sie die zweite Phase des *Feminist Literary Criticism* einläutet. Die Bedeutung dieses Buches für die Wieder- oder Neuentdeckung vergessener oder vernachlässigter Autorinnen ist kaum zu überschätzen. In verschiedenen Anthologien wurden in der Folge zum Teil erstmals Werke von Autorinnen publiziert, die seitdem zum Kanon gehören: Aphra Behn, Rebecca Harding Davis, Charlotte Perkins Gilman, Zora Neale Hurston, Nella Larsen und Paule Marshall. Hinter solcher Rekonstruktionsarbeit stehen unterschiedliche Motive: Einmal sollen frauenspezifische Wünsche und Themen respektive die Lebensbedingungen von Frauen sichtbar werden, dann – bereits ein Anliegen Virginia Woolfs – eine Genealogie weiblichen Schreibens rekonstruiert und schließlich eine spezifische weibliche Ästhetik definiert werden.

Später, in den achtziger Jahren, versteht Showalter weibliches Schreiben nicht länger als Ergebnis einer Subkultur, sondern als »double-voiced discourse«, als palimpsestartigen Diskurs, der sich gleichzeitig in eine weibliche und in eine männliche Tradition einschreibe. Vor diesem Hintergrund entsteht 1989 der Band *Speaking of Gender*. Damit wendet sich Showalter, nach Gynocriticism und Feminist Critique, einer dritten

Phase feministischer Literaturkritik zu: dem Gender Criticism. Gleichzeitig warnt sie davor, durch eine Fokussierung auf *gender* die weibliche Schreibkultur, Genealogie und Kritik zu vernachlässigen. Zu wahrscheinlich scheint ihr eine Reinstallation des traditionellen Kanons. Showalter plädiert deshalb stets für Gender Studies in einem feministischen Umfeld, für einen weiblichen Subjektbegriff und für einen gewissen »strategischen Essenzialismus«, um die erreichte Öffnung nicht zu gefährden, sondern zu konsolidieren.

Auch als Medizinhistorikerin leistet Elaine Showalter Pionierarbeit, indem sie die Geschichte der Psychiatrie aus der Gender-Perspektive verfolgt. In der 1985 veröffentlichten Studie *The Female Malady* untersucht sie die gesellschaftliche Funktionalisierung der Hysterie, der Modefrauenkrankheit des Fin de Siècle, als Symptomsammlung unerwünschter, verdrängter Prozesse, 1997 ergänzt durch *Hystories. Hysterical epidemics and modern culture*. Elaine Showalter gelingt es beispielhaft, kulturwissenschaftliche Erkenntnisse mit naturwissenschaftlichen zu verbinden. Damit zeichnet sie den Weg für die Zukunft eines Fachgebietes, das sie stets wesentlich mitgeprägt hat.

In ihrer 1998 erschienenen Studie zur Hysterie, *The Knotted Subject. Hysteria and its discontent*, entwickelt Elisabeth Bronfen wesentliche Fragestellungen weiter. Nicht nur die Hysterie als weiblich markierte Krankheit (im Untersuchungszeitraum zwischen 1830 und 1980) steht in Bronfens Erkenntnisinteresse, sondern die phallisch-freudsche Bestimmung des Lebens, die sie radikal durch die omphalische Bestimmung ersetzt, denn der Nabel (Omphalos) sei die geschlechtsneutrale Schnittstelle von Leben und Tod. Der Nabel als Wunde des Verlustes wie als Verbindungspunkt des Ursprungs sei auch das Modell einer perfekten Simulation, der Vortäuschung einer erogenen Zone und Öffnung, in die man nicht eindringen könne: ein Nichts also, das doch etwas bewirke, nämlich die Verknotung der Abwesenheiten zur ureigentlichen Repräsentation aller Nicht-Ereignisse und Nicht-Orte, die das Subjekt ausmachen. Der verschlungene Knoten steht als Sinnbild dieser Rätselhaftigkeit und Symptomatisierungen, von der »Krankheit Hysterie« kreativ um- und überspielt. Zwei Grundforderungen stellt *The Knotted Subject* nachhaltig: die Abkehr von der väterlichen Autorität (dem Phallo-Logozentrismus) und die in ihr begründete Universalität des Sexuellen.

Werfen wir nochmals einen Blick zurück auf das Jahr 1979. Gleichzeitig mit Elaine Showalters *Towards a Feminist Poetics* erscheint eine andere, auch im deutschen Sprachraum höchst einflussreiche Studie: *The Madwoman in the Attic: The Woman Writer and the Nineteenth-Century Literary Imagination* von Sandra Gilbert und Susan Gubar. Sandra Gilbert, Anglistikprofessorin in Davis, und Susan Gubar, Professorin für Anglistik und Women's Studies an der Indiana University in Bloomington, legen als Autorinnenteam eine Studie vor, die verschiedene Ziele verfolgt: Einmal geht es darum, den von Harold Bloom in *The Anxiety of Influence* (1973) behaupteten unabdingbaren ödipalen Kampf zwischen (Dichter-)Vätern und Söhnen, der die Dynamik der Kreativität erst freisetze, als für Autorinnen irrelevant zu erklären. Frauen gehe es beim Lesen und Schreiben kaum um einen »Akt defensiver Kriegsführung«, sondern um primäre Ausdrucksmöglichkeiten unter soziohistorisch bedingten Schreibsituationen, also um eine »anxiety of authorship«. Die soziohistorischen Situationen, die Jane Austen, Mary Shelley, den Brontës, George Eliot, Elizabeth Barrett-Browning, Christina Rossetti oder Emily Dickinson das kreative Schreiben ermöglichen, erlauben Gilbert/Gubar außerdem, eine Literaturgeschichte weiblichen Schreibens zu verfassen. Im Kern versteht sich *The Madwoman in the Attic* jedoch »als eine Theorie weiblicher Kreativität, die vor allem die Verbindung von Autorität und Autorschaft in den Vordergrund stellt«.[27] Wie in Showalters 1977 erschienener Studie *A Literature of Their Own* stehen auch in *The Madwoman in the Attic* von Gilbert und Gubar Schreibprozesse im Zentrum, aber auch »images of enclosure and escape, fantasies in which maddened doubles functioned as asocial surrogates for docile selves, metaphors of physical discomfort manifested in frozen landscapes and fiery interiors«.[28] Besonders interessant ist, dass Gilbert und Gubar, neben Showalter, die Idee des Schreibens als Palimpsest begreifen, was es Autorinnen ermögliche, manifeste und latente Wahrheit(en) gleichzeitig auszudrücken.

Der Titel, *The Madwoman in the Attic*, reflektiert diese Doppelbödigkeit prägnant: Die »Verrückte auf dem Dachboden« ist Bertha Mason, die erste Ehefrau von Rochester in Charlotte Brontës Roman *Jane Eyre* und unbekannte Vorgängerin sowie »Rivalin« der gleichnamigen Heldin. Physisch wie psychisch weggesperrt, bleibt die Verrückte dennoch latent präsent, der sichtbaren, manifesten »Wahrheit« palimpsestartig unterlegt. Dieses doppelbödige Lesen, Schreiben und Agieren pflegen Gilbert und Gubar mit interpretatorischem Gewinn und erklären es zugleich auch für Autorinnen als fruchtbar. *The Madwoman in the Attic* zielt nicht auf die Entdeckung unbekannter oder vergessener Autorinnen, sondern auf das Wiederlesen, auf die Revision oder Subversion bereits kanonisierter Werke. Diese bekannten Autorinnen überwinden ihre Angst, übernehmen die tradierten literarischen Gattungen und Bilder, um sie zu verwandeln oder zu unterlaufen.

In der nachfolgenden Trilogie *No Man's Land* (1988 ff.) widmen sich Gilbert und Gubar weiblicher und männlicher Autorschaft vom Ende des 19. Jahrhunderts bis in die achtziger Jahre des 20. Jahrhunderts. Schriftstellerinnen, so Gilbert und Gubar, sehen sich nun mit einer doppelten Konkurrenz konfrontiert, mit einer männlichen und einer weiblichen Literaturtradition. Obwohl Gilberts und Gubars autorzentrierter Empirismus auch Kritik erfährt, etwa von Mary Jacobus oder Toril Moi, bleibt ihr Verdienst die Rekonstruktion und Revision einer weiblichen Literaturtradition und Autorschaft sowie ihr historischer Beweis, dass *gender* als kulturelles Geschlecht weibliche Schreibbedingungen wesentlich mitbestimmt. Bekannt geworden ist in diesem Zusammenhang ihr Schlagwort »killing women into art«: »In other words, women must kill the aesthetic ideal through which they themselves have been ›killed‹ into art. And similarly, all women writers must kill the angel's necessary opposite and double, the ›monster‹ in the house, whose Medusaface also kills female creativity.«[29]

Zusammenfassend lässt sich sagen, dass es in den siebziger und achtziger Jahren gelungen ist, eine eigenständige weibliche Kultur- und Literaturtradition zu begründen und innerhalb wie außerhalb wissenschaftlicher Institutionen zu verankern. Für diesen erfolgreichen Aufbruch jener Jahre mitverantwortlich sind auch Ellen Moers' *Literary Women* (1976), Patricia Meyer Spacks' *Contemporary Women Novelists: a collection of critical essays* (1977), Nina Bayms *Woman's Fiction: a guide to novels by and about women in America, 1820–1870* (1978), Toril Mois *Sexual / Textual Politics: feminist literary theory* (1985) sowie Coppélia Kahns *Making a Difference: Feminist Literary Criticism* (1985) oder Gayle Greenes und Coppélia Kahns *Changing Subjects: the making of feminist literary criticism* (1993).[30]

In *When We Dead Awaken* fasst Adrienne Rich die Essenz dieses Aufbaus wie folgt: »Revison – the act of looking back, of seeing with fresh eyes, of entering an old text from a new critical direction – is for women more than a chapter in cultural history: it is an act of survival. [...] A radical critique of literature, feminist in its impulse, would take the work first of all as a clue to how we live, how we have been living, how we have been led to imagine ourselves, how our language has trapped as well as liberated us, how the very act of naming has been till now a male prerogative, and how we can begin to see and name – and therefore live – afresh.«[31] In diesem Text fordert Rich darüber hinaus einen erweiterten Begriff sexueller Identität, eine Forderung, die Judith Butler knapp zwanzig Jahre später mit *Gender Trouble* (1990) aufgreifen wird.

Streit um Differenz

Black Theory
Davis, Walker, Lorde, hooks, Hull/Scott/Smith

Was bis in die siebziger Jahre als gemeinsamer Kampf aller Frauen um politische und kulturelle Anerkennung erscheint, gerät zu Beginn der achtziger Jahre in die Kritik, vor allem aus afroamerikanischer Sicht. Ebenso wenig wie der weiße Mann das Maß aller Dinge sei, sei es die Geschichts- und Theoriebildung der weißen mittelständischen Akademikerin. Der Streit um Differenz bricht aus.[32] In der Tat machen die Kategorien Klasse, Ethnizität und Hautfarbe die Benachteiligung beim Zugang zu materiellen wie ideellen Reserven und Partizipationschancen sehr deutlich. Auf diese eklatanten Differenzen im Vergleich zur weißen weiblichen Norm weist eine Reihe von Studien hin, die das Bild und die Forschungsrichtung der Women's Studies in den achtziger Jahren verändern und erweitern sollten: allen voran Angela Davis mit *Women, Race & Class* (1981), *Violence Against Women and the Ongoing Challenge to Racism* (1985) sowie mit *Women, Culture and Politics* (1989). Was die bekannte US-amerikanische Bürgerrechtskämpferin, Soziologin, Autorin und Streiterin für die Rechte von Afroamerikanern und politischen Gefangenen, Angela Davis, in die Debatte einbringt, ist ihre absolute Glaubwürdigkeit als politische Kämpferin der Black Panthers und ihr brillanter Kopf. Heute wirkt sie übrigens als Professorin in Kalifornien.

In die Nachfolge Sojourner Truths als provokante Rhetorikerin stellt sich bell hooks in *Ain't I a Woman?* (1981).

Mit Alice Walker tritt eine weitere zentrale schwarze Autorin, Gender-Theoretikerin, Bürgerrechtsaktivistin und Dozentin an die Öffentlichkeit. Nicht nur lehrt sie unter anderem am bekannten Wellesley College, sie implementiert dort vielmehr einen der ersten *Women's-Studies*-Studiengänge in den USA. Bekannt wird Alice Walker auch als Autorin von *The Color Purple* (1982) und *In Search of Our Mothers' Gardens: Womanist Prose* (1983), Bücher, die das Leben unterprivilegierter schwarzer Frauen vor dem Hintergrund und in Abgrenzung zum weißen Mainstream-Feminismus thematisieren und eine Hymne auf die Stärke und Überlebenskraft der schwarzen Frau darstellen. Mit »Womanist Prose« und »Womanist Studies« begründet Walker auch einen entsprechenden akademischen Diskurs, von dem konsequenterweise Männer und weiße Frauen ausgeschlossen bleiben.[33] 1974 gelang Walker mit *In Search for Zora Neale Hurston* gar die Rehabilitierung der in Vergessenheit geratenen Vorkämpferin Hurston. Doch in ihrer Radikalität – »black arts for and about black females« – behindert Alice Walker unbewusst auch weltoffenere schwarze Autorinnen wie Rita Dove, die mit der Publikation ihrer Werke ein Jahrzehnt zuwarten.

Ein Schlüsseltext der schwarzen weiblichen Bewusstseinsbildung – die Frauen hatten sich nicht nur gegen den weißen Feminismus, sondern auch gegen das weiße wie schwarze Patriarchat durchzusetzen – ist der 1982 veröffentlichte Sammelband von Gloria T. Hull, Patricia Bell Scott und Barbara Smith mit dem vielsagenden Titel *All the Women Are White, All the Blacks Are Men, But Some of Us Are Brave*, eine Würdigung des

Beitrags schwarzer Frauen zur Gemeinschaft, zur Geschichte, zur Befreiung. In rascher Folge erscheinen nun weitere Aufsatzsammlungen, deren Titel die Inhalte unmissverständlich widerspiegeln: Barbara Christian, Deborah E. McDowell, Mae Gwendolyn Henderson und bell hooks publizieren 1984 *Feminist Theory: From Margin to Center*, Marjorie Pryse und Hortense Spillers 1985 *Conjuring. Black Women, Fiction, and Literary Tradition*, Joanne Braxton und Andree Nicola-McLaughlin 1989 *Wild Women in the Whirlwind*, Cheryl A. Wall im selben Jahr *Changing Our Own Words. Essays on Criticism, Theory, and Writing by Black Women*. Gerade dieser letzte Titel trifft den Kern der Aussage dieser Bände: Kann weiße Theoriebildung und Literaturkritik einem schwarzen Schreiben je gerecht werden? Sind nicht differenziertere Herangehensweisen für eine Literatur zu entwickeln, die noch nicht lange der oralen Tradition entwachsen ist? Toni Morrison spricht in diesem Zusammenhang von »rememory«, einem Schreiben und Analysieren zwischen Gegenwart und Vergangenheit, einer Vergangenheit der Sklaverei, die in der Gegenwart nie vergessen werden kann und darf. »Black Women's Writing« verlangt außerdem nach einem Verständnis der schwarzen Vernakularsprache, einer mehrstimmigen Sprache, durchsetzt mit Stilmitteln der oralen Kultur, etwa religiösen »call-response«-Praktiken. Bereits 1977 proklamiert Barbara Smith mit *Toward A Black Feminist Criticism* die kulturelle Autonomie afroamerikanischer Texte in ihrer Entstehung und Bewertung. Dieses Ziel verfolgen nicht nur Valerie Smith, Claudia Tate, Mary Helen Washington, Audre Lorde mit *Sister Outsider* (1977) oder Hazel Carby mit *The Quicksands of Representation* (1987) (in *Reconstructing Womanhood: The Emergence of the Afro-American Woman Novels*), sondern vor allem auch die einflussreichen, von Henry Louis Gates, Jr. herausgegebenen Anthologien »*Race«, Writing, and Difference*

(1986) und *Reading Black, Reading Feminist* (1990). Der erfolgreiche Einbruch von Gates in die Domäne schwarzer Theoretikerinnen bleibt nicht ohne Kritik. Die Frauen, allen voran Joyce Joyce, wollen unter sich bleiben. So oder so gelingt es der schwarzen Literatur und der »gender-race-class«-Theorie, binnen zwanzig Jahren ins Zentrum eines akademischen und politischen Bewusstseins vorzudringen.

Bereits 1985 ist, so Jane Gallop im Rückblick,[34] eine klare Richtungsänderung zu erkennen: weg von den euro-amerikanisch zentrierten Debatten hin zu einer afroamerikanisch bestimmten Literatur und Theoriebildung. In einer wahren Explosion an Talent und Kreativität folgt Buch um Buch, Studie um Studie, so dass um 1990 schwarze Autorinnen und Fragen die »gender-race-class«-Debatte dominieren. Das »annus mirabilis« 1993 bringt gar Toni Morrison den Nobelpreis für Literatur und Rita Dove die Ernennung zur »Poet Laureate« der USA. In wenig mehr als hundert Jahren kämpfen sich die schwarzen Frauen von den gesellschaftlichen Rändern ins Zentrum, eine Entwicklung, die für Toni Morrison von weitreichender Bedeutung ist. In *Playing in the Dark. Whiteness and the Literary Imagination* (1990) schreibt sie: »What Africanism became for, and how it functioned in, the literary imagination is of paramount interest because it may be possible to discover, through a close look at literary ›blackness‹, the nature – even the cause – of literary ›whiteness‹.«

Differenzen um Differenz: Johnson, Schor

Worum kreisen in den späten siebziger und achtziger Jahren die weißen Theoriediskurse? Welche (feministischen) Anliegen bleiben vernachlässigt, welche Debatten stecken – trotz Institutionalisierung der Women's Studies – in Sackgassen? 1980 definiert Annette Kolodny das feministische Verhältnis zu neuen poststrukturalistischen Diskursen als »Tanz übers

Minenfeld«.[35] Um der Gefahr einer Fixiertheit auf Differenz zu entgehen, empfiehlt Kolodny einen Pluralismus der Methoden und methodische Anleihen bei nichtfeministischen Fachrichtungen. Das Spielerische, Flexible, Dekonstruktive sei zugleich antiautoritär und »politisch wünschbar«, es verhindere monolithische Theoriebildungen.

Genau diese Brücke zwischen weißer und schwarzer Genderkritik, zwischen Literatur, Psychoanalyse und Dekonstruktion schlägt als eine der Ersten die Harvard-Professorin Barbara Johnson. Einerseits ist sie mit den dekonstruktivistischen Ansätzen von Paul de Man bis Jacques Derrida vertraut, sie hat ihre Werke ins Englische übersetzt, andererseits beginnt sie erfolgreich, weiße dekonstruktivistische Methoden auf schwarze Texte anzuwenden, beispielsweise in *Thresholds of Difference: Structures of Address in Zora Neale Hurston*. 1980 erscheint *The Critical Difference. Essays in the Contemporary Rhetoric of Reading*, gefolgt von *A World of Difference* 1987. Auch in weißen Theoriediskursen wird Differenz zum bestimmenden Kriterium jener Dekade, und zwar exakt in der Unterscheidung Johnsons als »difference between« und »difference within«, Differenz zwischen (den Geschlechtern) und Differenz innerhalb (des Geschlechts). Barbara Johnsons souveränes Auftreten in unterschiedlichen Welten ist in den frühen achtziger Jahren noch die Ausnahme, jedoch eine mit Signalwirkung. Mitte der achtziger Jahre fragen Juliet Mitchell und Ann Oakley (Hrsg.) *What Is Feminism?*, nur um ebenfalls festzustellen, dass die Verallgemeinerung der Frau den Unterschied zwischen Frauen nicht ausschließe. Als Orte und Verortungen sozialer Differenz, als »otherness«, nennen Mitchell und Oakley nun sexuelle Präferenz, Ethnizität, Klassenidentifikation, Nationalität und Alter. In diesen Kontext gehört auch die psychoanalytische Erkenntnis einer gespaltenen Persönlichkeit, einer »double consciousness«, wie sie W. E. B. du Bois

1903 in *The Souls of Black Folk* für Afroamerikaner, die sich ständig mit einer weißen Kultur konfrontiert sehen, vorführt. Die Verhandelbarkeit dieser unterschiedlichen Differenzen, besser, individuellen Diversivitäten, mündet in die als »identity politics« bekannt gewordene Debatte der neunziger Jahre. Charakteristisch für jene Jahre der Auseinandersetzungen um Differenz ist die von Naomi Schor, Elizabeth Weed und Ellen Rooney gegründete Zeitschrift *Differences* mit feministischem und kulturwissenschaftlichem Fokus. Naomi Schor leistet dabei einen wichtigen Beitrag zur Integration der *French Theory* in den USA.

Psychoanalyse, Feminismus und *gender*
Mitchell, Rose, Cixous, Irigaray, Kristeva, Moi, Gallop

Zu Methodenpluralismus und Öffnung tragen einerseits die bahnbrechenden Werke von Juliet Mitchell und Jacqueline Rose bei – 1974 erscheint *Psychoanalysis and Feminism*, 1984 *Women: The Longest Revolution. Essays on Feminism, Literature and Psychoanalysis* –, andererseits die sogenannte *French Theory*, vor allem in der Vermittlung der Yale School of Criticism. Damit ist der Einfluss von Jacques Derrida, Michel Foucault und Jacques Lacan in Richtung eines dekonstruktiven, poststrukturalistischen Denkens angesprochen, aber ebenso der von Julia Kristeva, Luce Irigaray und Hélène Cixous, die, das gilt vor allem für Kristeva, im angloamerikanischen Raum stark rezipiert werden.

Für Lacan und Derrida ist Differenz eine Vorbedingung jeglicher Identitätsbildung, denn Identität sei selbst geteilt, instabil, gegensätzlich und über die Sprache konstruiert. Innerhalb einer patriarchalisch bestimmten, auch sprachlich bedingten symbolischen Ordnung zeige sich das Feminine deshalb nicht als Essenz, sondern als Andersartigkeit innerhalb von Identität und Sprache. Es äußere sich dementsprechend nicht unbedingt in den gängigen Arten der Darstellung und Repräsentation, häufig manifestiere es sich in sprachlichen Leerstellen und rhetorischen Paradoxien. Eine feministische Praxis in diesem Kontext habe deshalb nicht konstruktiv, sondern dekonstruktiv zu sein, indem sie »weibliche« Spuren, weibliches Stocken, Stottern und Verstummen in den meinungsbildenden Prozessen von Kultur und Gesellschaft aufspüre und deute. So wird die Suche nach diesen Spuren auch eine Suche nach dem weiblichen Unbewussten, einem weiblichen Begehren, das aus dieser Tiefenstruktur an die Oberfläche drängt. Damit, so Hélène Cixous in *The Laugh of the Medusa* (1975), ergebe sich auch ein typisch weibliches Schreiben, mit dem sich Frauen in die Geschichte einschreiben. Die sogenannte »écriture féminine«, ein Schreibstil, der sich von traditionellen logischen und rhetorischen Normen abhebe und spezifisch weiblich sein soll, lässt sich freilich in der Praxis nie genau identifizieren und definieren. Für Cixous ist »écriture féminine« vage mit Stimme und Gesang assoziiert. Nachhaltig wirkt Cixous' Ablehnung binärer, doch hierarchisierender Oppositionspaare wie Kultur/Natur, Kopf/Herz, Form/Inhalt oder Sprechen/Schreiben, besonders ihre stereotype Zuschreibung an den zivilisierten, rationalen, schreibenden Mann einerseits und die »natürliche«, erdverbunden praktische, redende Frau andererseits. Diese hierarchisch signifikante Spaltung habe das westliche Denken und die politische Praxis jahrhundertelang geprägt.[36] Hegels Modell von Herrschaft und Knechtschaft sei nicht weit davon entfernt. Dennoch werde dieses »Andere«, »Weibliche«, Verdrängte zur latent akuten Bedrohung gängiger Vorstellungen und Hierarchien und müsse deshalb ständig abgewehrt, ja »getötet« werden. Der Geschlechterunterschied ist auf diese Art und Weise in die Machtstrukturen eingebunden, wo Differenz oder »Andersheit« nur unterdrückt geduldet werden kann. Das passive »Andere« veranschaulicht Cixous im bekannten Märchen von Dornröschen: Darin wird die Frau bis zum weckenden Kuss des Prinzen als schlafend dargestellt. Erst der Kuss verleiht ihr Existenz, allerdings eine geliehene, die fortan von ihrer Unterordnung unter den Prinzen lebt.

Die belgische feministische Philosophin Luce Irigaray greift, in der Nachfolge Derridas und Lacans, auf die Psychoanalyse zurück, wenn sie die Entstehung des Patriarchats und dessen Nachwirken in der Philosophie analysiert. Wie Cixous ist auch Irigaray von griechischen Mythen fasziniert; wie Cixous verlangt auch sie nach einer eigenen weiblichen Sprache. Irigaray unterscheidet stets zwischen »Reden *wie* eine Frau« und »Reden *als* eine Frau«, wobei »das Reden *als* Frau« ihre psychologische und soziale Positionierung gegenüber einem bloßen »Reden *wie* eine Frau« einfordert: Stimme, Kontrolle und Beherrschung sind auch weibliche Anliegen, sollte die Frau in die symbolische Ordnung des Gesetzes, des Vaters eintreten. Für Irigaray und Cixous ist die westliche Kultur monosexuell, das heißt männlich konnotiert: Die Frau ist nur der »geringere Mann«.

Wichtig ist Luce Irigarays Kritik an der Psychoanalyse, auf der ihre Arbeit gründet: Erstens sei auch die Psychoanalyse historisch determiniert, das Frauenbild von soziokulturellen Umständen abhängig, was die Psychoanalyse jedoch negiere. Die phallozentrische Verzerrung (etwa bei Freud) werde realitätsverfälschend zum universalen Wert erhoben. Außerdem beruhe die soziale Ordnung, die die Psychoanalyse mitbestimme, auf der Präsenz einer von dieser nicht anerkannten und entsprechend gewürdigten Mutter. Drittens analysiere die psychoanalytische Theorie die Fantasien anderer Menschen, ohne ihre eigenen Fantasiewelten je zu hinterfragen.[37] Kurz: Die Psychoanalyse bleibt Irigarays wichtigstes Analyseinstrumentarium, jedoch modifiziert durch die erwähnten Kritikpunkte. Hélène Cixous wie Luce Irigaray berufen sich nicht nur auf die Psychoanalyse sexueller Differenz, sie propagieren auch ein essenziell weibliches (oder männliches) Erleben, Empfinden und Handeln, das sich so rein freilich nicht herausdestillieren lässt, wie etwa Diana Fuss in *Essentially Speaking: Feminism, Nature and Difference* (1989) kritisiert. Zunehmend lehnt man Irigarays Theorien heute als essenzialistisch und biologistisch ab.

Dieser Essenzialismus wird von Julia Kristeva so nicht geteilt. Die dritte und wohl einflussreichste französische Psychoanalytikerin und Kulturkritikerin kommt 1965 aus Bulgarien nach Paris, studiert bei Roland Barthes und Jacques Lacan und arbeitet zunächst als Linguistin, bevor sie sich zur Psychoanalytikerin ausbilden lässt. Seit den späten siebziger Jahren veröffentlicht sie wichtige Schriften zu Psychoanalyse, Sexualität und Weiblichkeit. Ihr Erkenntnisinteresse gilt dabei stets der Sprache, Wahrheit, Ethik und Liebe.

Was verbindet Kristeva mit Cixous und Irigaray? Alle kennen sie Freud und Lacan, teilen Lacans These vom Primat der Sprache im Leben der Psyche. Alle drei konzentrieren sich auf die von Freud und Lacan vernachlässigte Mutter-Kind-Verbindung (Kristeva) respektive Mutter-Tochter-Beziehung (Irigaray). Darüber hinaus betonen sie die archaische präödipale Kraft, die, obwohl unterdrückt, permanent präsent bleibt. Schließlich erkennen sie den unverfestigt »polymorph perversen« Status sexuellen Begehrens an.

Zweifellos prägt Lacan die Arbeit Kristevas maßgeblich, besonders in ihrer Auseinandersetzung mit dem Spiegelstadium und dem Kastrationskomplex.[38] Diese beiden Momente bilden die notwendigen Bedingungen für den Spracherwerb und die Subjektbildung. Für Kristeva ist jedoch, im Unterschied zu Lacan, der soziohistorische Kontext einer Analyse stets präsent. Und im Kontrast zu Lacan steht auch ihre Auffassung, das Imaginäre des Spiegelstadiums beschränke sich nicht nur auf das Visuelle, sondern orientiere sich ebenso an Stimme, Berührung, Geschmack und Geruch, das heißt, ein Baby sieht sich nicht nur visuell von der Mutter gespiegelt, sondern über alle Sinne. Auch die Sprache ist für Kristeva kein monolithisches System, sie erscheint vielmehr als ein komplexer Verständigungsprozess zwischen Subjekten.

Ist Kristeva damit eine feministische Denkerin? Im Vergleich zu Cixous und Irigaray ist sie das kaum, denn die Vorstellung einer »écriture féminine« oder eines spezifisch weiblichen Sprechens (parler femme) weist sie zurück: »Eine Frau kann nie definiert werden«, so der Titel einer ihrer Aufsätze, den sie Feministinnen entgegenhält, die die Identität *der* Frau definieren wollen. Obwohl sie keine feministische Theorie, keine Theorie der Weiblichkeit entwickelt hat, ist Julia Kristeva für die Gender Studies dennoch wichtig und vielleicht gerade deshalb einflussreicher als Cixous und Irigaray: Was Kristeva entworfen hat, ist eine Theorie der Marginalität, der Subversion und Dissidenz. Aus dem Verdrängten und von den Rändern her bewege sich die weibliche und männliche libidinöse Energie mit revolutionärer Kraft ins (Macht-)Zentrum und produziere dort die künstlerische Avantgarde. Kristeva selbst war fasziniert von avantgardistischen Kunstwerken, seien sie von Mallarmé, Joyce, Schönberg, Cage oder Giotto. Diese »Texte«, in welcher Form auch immer sie vorliegen, als Text, als Musikpartitur oder als Bild, sieht sie als semiotische Ausbrüche, als Transgressionen einer symbolischen Kohärenz des Gesetzes. Jede Stärkung des geschlechtsneutralen Semiotischen führt nach Kristeva zu einer Schwächung der Genderdifferenz. In diesem umfassenderen Sinn ist Julia Kristeva eine entscheidende Wegbereiterin der Gender Studies. Bekannt geworden ist außerdem ihr Begriff der Chora (Platon) als »libidinöser Artikulationsraum primärer Triebe und rhythmischpulsierender Bewegungen«[39] sowie ihre Schrift *Mächte des Grauens. Ein Versuch über den Abscheu* (1982, dt. 1991).

Wesentlich zum Verständnis der »French Theory« in den USA trägt Toril Moi bei. Ihr bekanntestes Buch, *Sexual/Textual Politics: feminist literary theory* (1985), eine Anspielung auf Kate Milletts *Sexual Politics*, bietet nicht nur eine Standortbestimmung, es richtet sich auch klar gegen eine essenzialistische Konstruktion von Weiblichkeit. Amerikanischen Kritikerinnen wie Showalter, Gilbert und Gubar sowie Kolodny setzt Toril Moi die »French Theory« entgegen, die sowohl psychoanalytische wie poststrukturalistische Ansätze einbezieht. Offen und breit genug ist für Moi nur Kristeva.

Den Unterschied zwischen der »gender essence« des amerikanischen und dem psychoanalytisch beeinflussten französischen Feminismus der siebziger und achtziger Jahre versuchen beispielsweise Nancy Chodorov mit *Feminism and Psychoanalytic Theory* (1989) und Jane Gallop zu überbrücken: »An die Stelle des Standpunktfeminismus[40] der Women's Studies setzt Gallop eine kritische Untersuchung der Etablierung und Vermittlung von Wissenschaftstheorien aus der Sicht der Gender Studies.«[41] Letztlich bleibt jedoch die Verbindung der »écriture féminine« mit der feministischen Dekonstruktion stets widersprüchlich.

Ende der achtziger Jahre befindet sich die feministische Literatur- und Kulturkritik in einer Krise, aus der erst die Gender Studies mit ihrer Trennung von Literatur- und Kulturtheorien vom Feminismus herausführen sollten. Zwei Fragen stehen dabei im Zentrum: Wie ist die (poststrukturalistische) Dezentrierung des Subjekts mit den feministischen Bestrebungen, Frauen als Handlungssubjekte aufzubauen, vereinbar? In welcher Weise wird davon auch die Opposition zwischen den Geschlechtern berührt? Diese Fragen können nur dann fruchtbar gelöst werden, wenn die feministische Praxis nicht gegen die poststrukturalistische Theoriebildung ausgespielt wird.

Bevor wir uns der dritten Welle, der Entwicklung von den Women's zu den Gender Studies zuwenden, werfen wir einen Blick auf zwei wegweisende Ansätze, die ins 21. Jahrhundert weiterführen: einerseits auf das Feld visueller Repräsentation bei Teresa de Lauretis, Laura Mulvey und Elisabeth Bronfen, andererseits auf den Cyberfeminismus Donna Haraways.

Repräsentation und *male/female gaze*
de Lauretis, Mulvey, Bronfen

Nicht nur die literarische, auch die visuelle Darstellung der Geschlechter gerät in jener Zeit in den Blickpunkt des wissenschaftlichen Interesses. Bereits in *Ways of Seeing* (1972) konstatiert John Berger: »Men act and women appear. Men look at women. Women watch themselves being looked at. This determines not only most relations between men and women but also the relation of women to themselves. The surveyor of woman in herself is male: the surveyed female. Thus she turns herself into an object – and most particularly an object of vision: a sight.«[42]

Berger verweist damit auf die stereotype Rollengleichung »Frau = gesehen werden = Passivität« und »Mann = sehen = Aktivität«. Er greift dabei auf das Konzept der Repräsentation zurück, das eine Reihe bahnbrechender Analysen, insbesondere im visuellen Bereich der Kulturwissenschaften, generiert. Allen voran zu nennen ist die britische Film- und Medienwissenschaftlerin Laura Mulvey, die 1975 mit *Visual Pleasure and Narrative Cinema* ihre wohl einflussreichste Studie vorlegt. Darin erklärt sie über den Begriff der Skopophilie, des Voyeurismus, welche Rolle die Idee des »männlichen Blicks« für die Subjektbestimmung der Frau spielt. Außerdem kritisiert sie die ungleiche Machtverteilung zwischen Sehen und Gesehenwerden. Obwohl Mulveys Konzept weiterhin Gültigkeit besitzt, wird sie oft ihrer erneuten Dichotomisierung der Geschlechter wegen angegriffen.

Auch die Literatur-, Film- und Kulturwissenschaftlerin Teresa de Lauretis verweist in ihrer 1984 erschienenen Studie, *Alice Doesn't: Feminism, Semiotics, Cinema*, auf die Differenz der Geschlechter als konstitutives Merkmal gesellschaftlicher Identität oder Subjektivität, und dies stets in Bezug auf die Art der Darstellung von Weiblichkeit in einem gegebenen kulturellen Kontext, auf die Repräsentation.[43] De Lauretis ist auch Ausgangspunkt des zentralen Aufsatzes zum Begriff »Repräsentation« von Elisabeth Bronfen: *Weiblichkeit und Repräsentation – aus der Perspektive von Semiotik, Ästhetik und Psychoanalyse* (1995). Dass das Bild der Frau, der kulturelle Blick auf sie, ihre »Subjektivität« mitbestimmt, ist sowohl für de Lauretis wie für Bronfen eine gegebene Tatsache.

Eine andere Form der Repräsentation ist die Allegorie. In diesem Zusammenhang verkörpern weibliche Figuren so unterschiedliche Dinge wie Stadt[44], Gerechtigkeit, Fortschritt, Schönheit, Harmonie, Kunst oder Länder. Laster wie Tugenden werden von Frauen repräsentiert, was nichts anderes zeigt, als dass sie »nur bedingt mit ihrer geschlechtsspezifischen Körperlichkeit, Subjektivität oder Geschichte verknüpft sind«.[45] So belegt die Allegorie als Form der Repräsentation einerseits die beliebige Verfügbarkeit der Frau als Verkörperung abstrakter politischer Ideen (Germania, Britannia, Helvetia, Justitia oder Freiheit). Andererseits ist sie im ästhetischen und philosophischen Sinn Wiedergabe, Vergegenwärtigung, Vorstellung oder Spektakel. Zu dieser zweiten Spielart allegorischer Repräsentationen gehören beispielsweise die kleine Meerjungfrau, die Venus von Milo oder die Nike von Samothrake. Teresa de Lauretis unterscheidet deshalb stets zwischen der Frau als idealisiertem Typus und den Frauen als real existierenden Individuen: Die »Frau« bezeichnet das konstruierte Destillat kultureller Diskurse, die oft für »das Andere« steht und Leerstellen sowie die kulturellen Bedingungen dafür ausfüllt. »Damit ist die Position der Frau innerhalb dieses semiotischen Netzes eine Leerstelle – weder repräsentiert noch symbolisiert, sondern dazu bestimmt, die Repräsentation selbst zu ›verkörpern‹«, so Teresa de Lauretis.[46]

Im Anschluss an Mulvey und de Lauretis veröffentlicht Kaja Silverman 1988 mit *The Acoustic Mirror* ein Buch, das die feministische Filmtheorie um die Dimension der normativen Repräsentation der weiblichen Stimme sowie der Anatomie weiblicher Subjektivität im Film (embodied/disembodied voice) erweitert. In *The Threshold of the Visible World* (1996) diskutiert Silverman erneut kritisch die Begriffe »gaze«, »male look«, »screen«. Führend im Bereich *gender*, Performanz und Tanz wird, zehn Jahre danach, die in Berlin als Professorin für Tanzwissenschaften tätige Gabriele Brandstetter. Ihr Aufsatz *Staging Gender. Körperkonzepte in Kunst und Wissenschaft* weist unter anderem auf die Funktion des Körpers als Durchgangsort, als Ort des »Transits« hin, bei dem der Zuschauer Zeuge »langsamer Verwandlungen« wird, »die sich so, als ob es nichtvorgeschriebene Begegnungen mit dem eigenen und dem andern Geschlecht gäbe, vorsichtig auf das Fremde im Eigenen zubewegen«.[47]

Die klarste und kürzeste Definition des Begriffs »Repräsentation« stammt jedoch von W. J. T. Mitchell: »Representation is always *of* something or someone, *by* something or someone, *to* someone.«[48] Aufgrund dieser Erkenntnis trugen Film- und Kulturtheoretikerinnen wie Mary Ann Doane, Griselda Pollock, die die Frau als Zeichensystem betrachtete, sowie Laura Mulvey, Teresa de Lauretis und Elisabeth Bronfen entscheidend zum Verständnis von *gender* und Repräsentation in der visuellen Kunst und Kultur bei. Elisabeth Bronfens umfassende Arbeiten verbinden exemplarisch literarische und visuelle Textlektüre und zeigen, wie sehr der weibliche Körper unterschiedlichsten Diskursen ausgesetzt ist oder ihnen zur Verfügung stehen muss. Ausgehend von Edgar Allan Poes verstörender Aussage »The death of a beautiful woman is, unquestionably, the most poetical topic in the world«, erforscht Bronfen das Zusammenspiel von Tod, Kunst und Weiblichkeit an literarischen wie visuellen Texten. Die poetische Kopelung von Weiblichkeit, Tod und Ästhetik bei Poe (und anderen) könnte man als Ausdruck nekrophiler Misogynie lesen. Bronfen analysiert den Genuss, die Ängste und den Hintersinn, die diese visuelle Befriedigung herbeiführt. Plötzlich wird einsichtig, weshalb sowohl die Figur des toten Schneewittchens wie die schöne Leiche auf Füsslis Nachtmahr-Bild Poes Statement abbilden und einholen: Die schöne weibliche Leiche steht dem männlichen Blick und der männlichen Fantasie vollständig und unbedrohlich zur Verfügung. Über den Topos literarischer und visueller Repräsentationen der toten Frau übt Elisabeth Bronfen grundlegende Gender- und Kulturkritik.

Doch wenden wir uns einem weiteren ebenso zukunftsträchtigen wie utopischen Kapitel weiblicher Fantasie zu: dem Zwitterwesen des Cyborgs.

Cyberfeminism
Haraway

Der Neologismus »Cyborg«, der einen Zwitter aus Maschine und Mensch beschreibt, geht auf die Definition Manfred Clynes und Nathan Klines von 1960 zurück. 1984 erscheint er in William Gibsons Roman *Neoromancer*, doch bekannt wird er erst durch die amerikanische Biologin und Kulturwissenschaftlerin Donna Haraway.[49] Aufgrund ihres einflussreichen *Manifesto for Cyborg* wird Haraway 1985 zur führenden Theoretikerin der Debatten um hybride Verbindungen von Mensch, Maschine, Tier und Wissenssystemen, wie sie aus Hollywood-Filmen wie *Alien* oder *Terminator* und in Gestalt von Körperoptimierungen (Beinverlängerungen, künstliche Gelenke) längst bekannt sind. Der Cyborg, ein organisch-technisches Zwitterwesen, ist auch eine Denkfigur, die bekannte Diskurse unterläuft und Dualismen wie Natur/Kultur, Mensch/Tier, Mensch/Maschine durchbricht. Haraways Essay *Monströse Versprechen. Eine Erneuerungspolitik für un/an/geeignete Andere* konfrontiert aktuelle feministische Theorien mit hybriden Denkmustern und Zwittern, etwa in Form einer »Verschmelzung der Frau mit dem Computer«. Sie fragt außerdem sehr bewusst, wie, weshalb und wo Wissen produziert wird, und ist bekannt für ihr Konzept der »situated knowledges«. Haraway propagiert damit eine Ethik des wissenden Subjekts, das sowohl seinen Standort, seinen Standpunkt wie seine Grenzen kennen und reflektieren muss. Ihre Studien sind anregend, provozierend und ihrer Zeit voraus.

»By the late twentieth century, our time, a mythic time, we are all chimeras, theorized and fabricated hybrids of machine and organism; in short, we are cyborgs. The cyborg is our ontology; it gives us our politics. The cyborg is a condensed image of both imagination and material reality, the two joined centres structuring any possibility of historical transformation.«[50]

Dritte Welle[51] seit 1990

Von den Women's Studies zu den Gender Studies

Ungeachtet ihrer soeben erläuterten vielfältigen Erweiterungen und Spezialisierungen stoßen die Feminist und Women's Studies gegen Ende der neunziger Jahre an ihre Grenzen. Die Dekonstruktion sowie die Problematisierung der Kategorie Differenz, zu der die Aufwertung und Ausdifferenzierung des Weiblichen gehört, beseitigt noch keine Machtasymmetrien. Gefragt sind nun neue Analysekategorien, die die Dominanz- und Geschlechterverhältnisse in ihrer gegenseitigen Bedingtheit untersuchen und verändern. Ein derart erweiterter Aufgabenkatalog bindet andere Fächer wie Anthropologie, Geschichte, Soziologie oder Wissenschaftstheorie ein, alles Fachgebiete, in denen *gender* ebenfalls als Analysekategorie gilt. Wichtig wird auch die Beziehung der Kategorie *gender* zu anderen gesellschaftspolitischen Organisationsformen, Normen und Ausgrenzungsmechanismen, um die gesellschaftlichen Funktionen von Weiblichkeit und Männlichkeit qualitativ und quantitativ zu erfassen.

Was die Feminist und Women's Studies in den dreißig Jahren der zweiten Welle der Frauenbewegung zwischen 1960 und 1990 erreicht haben, ist nicht nur beachtlich, sondern revolutionär. Zu den wichtigsten Errungenschaften gehören:

- Das Lesen bekannter Werke »gegen den Strich«, was zur Relektüre und Revision geläufiger Gendervorstellungen, Rollenmuster und -erwartungen führt.
- Die Literatur- und Kulturproduktion von Frauen wird erstmals systematisch untersucht, zahlreiche Texte werden erstmals veröffentlicht. Eine Genealogie weiblichen Schreibens, wie sie Virginia Woolf 1929 forderte, etabliert sich.

- Der literarische und kulturelle Kanon wird umgebildet und erweitert.
- Aufgrund dieser Erkenntnisse beginnt parallel dazu die Institutionalisierung der Women's, später Gender Studies.
- Die Intervention afroamerikanischer Frauen führt zur Differenzierung und Erweiterung der Definition weiblicher Marginalisierung unter der Trias von Geschlecht, Rasse und Klasse.
- Gay/Lesbian Studies stellen, mit positiven politischen Ergebnissen, den Zwang der Heterosexualität zur Diskussion. In einigen Ländern werden gleichgeschlechtliche Partnerschaften ähnlich wie klassische Ehen behandelt und registriert.
- *Gender*, die soziokulturelle und historische Konstruktion und Dimension von Geschlecht, wird zum anerkannten Leitsatz, nicht nur in den Literatur- und Kulturwissenschaften, sondern auch in zahlreichen anderen Fachbereichen wie Geschichte, Soziologie, Theologie, Anthropologie, Biologie, Medizin oder Recht.

Gender als historische, anthropologische und soziale Kategorie
Rubin, de Lauretis, Ortner, Fox Keller, Scott

Das große Interesse, das die Gender Studies als Analysekategorie in den vergangenen zwanzig Jahren erfahren haben, verdeutlicht, welch breites Umdenken die nunmehr jahrzehntelange Beschäftigung mit der Kategorie Geschlecht bewirkt hat. Einen wesentlichen Anteil daran haben die folgenden Forscherinnen: Gayle Rubin, Sherry Ortner, Evelyn Fox Keller und Joan W. Scott. Gayle Rubin, die radikale amerikanische Aktivistin, Anthropologin und Queer-Denkerin, weist 1975 als eine der Ersten, neben Teresa de Lauretis, auf die Existenz eines *sex/gender*-Systems hin, das für die Entstehung von Kultur und Gesellschaft grundlegend sei. Für Gayle Rubin ist die gesellschaftliche Asymmetrie der Geschlechter in der politischen Struktur selbst begründet: »What counts as sex [...] is culturally determined [...]. Every sociey [...] has a sex/gender system – a set of arrangements by which the biological raw material of human sex and procreation is shaped by human, social intervention and satisfied in a conventional manner.«[52]

Dieser Fokus auf dem *sex/gender*-System dient nicht nur, wie Renate Hof[53] betont, einer Abgrenzung »gegenüber der Forschung *über* Frauen«, sondern auch gegenüber dem soziologischen Begriff der »Geschlechtsrolle«. Der Unterschied zwischen dem Genderkonzept und dem Geschlechtsrollenkonzept basiere auf der feministischen Forderung, die Hierarchisierung von Geschlechtsrollen in den Blick zu nehmen und wissenschaftliche Rollentheorien nicht a priori als geschlechtsneutral vorauszusetzen.

Teresa de Lauretis verdeutlicht den Konstruktions- und Repräsentationscharakter der Kategorie *gender* sowie der Geschlechterrolle: »The construction of gender goes on today through the various technologies of gender (e. g., cinema) and institutional discourses (e. g., theory) with power to control the field of social meaning and thus produce, promote, and ›implant‹ representations of gender. But the terms of a different construction of gender also exist, in the margins of hegemonic discourses [...] and their effects are rather at the ›local‹ level of resistances, in subjectivity and self-representation.«[54]

Mit ihrer Kritik an den Geschlechtsrollen bleiben die Women's Studies an der Oberfläche, während die Gender Studies – und mit ihnen Teresa de Lauretis – nach den Ursachen für diese Hierarchisierungen suchen. Es ergibt sich insofern eine Akzentverschiebung in den Gender Studies, als sie neu nach dem Recht, nach der Macht, die Unterschiede zu definieren und zu beurteilen, fragen. Gender Studies analysieren als Women's Studies soziale Wissens- und Machtstrukturen. Sherry Ortner, eine weitere amerikanische Anthropologin, fragt bereits 1974 in ihrem Essay *Is Female to Male as Nature is to Culture?* nach den Gründen des »zweitrangigen Status« der Frau. Sie sieht diesen inferioren Status der Frau in ihrer Gleichsetzung mit der Natur begründet. Der Mann, Repräsentant der Kultur, ist ihr überlegen, weil er die produktive, kulturschaffende Arbeit im öffentlichen Bereich übernimmt, während die (re)produktive Arbeit der Frau auf die häusliche Sphäre beschränkt bleibt. Diese Natur-Kultur-Schere öffnet sich bekanntlich schon in der Aufklärung mit Rousseau und Diderot. Sherry Ortner führt den Natur-Kultur-Diskurs wieder in die Debatte ein, wird jedoch wegen ihrer erneuten Betonung eines binären System auch kritisiert. »Is Sex to Gender as Nature is to Science?«, fragt Evelyn Fox Keller in Analogie zu Sherry Ortners Titel. In ihrem Aufsatz *The Gender/Science System* macht sie auf den Zusammenhang von Gender und Wissen aufmerksam.[55] Dass das Wissen, die Wissensgenerierung und die Wissensvermittlung ein Geschlecht hat, betont auch Sandra Harding mit ihrem Buch *Das Geschlecht des Wissens. Frauen denken die Wissenschaft neu*. Hardings Interesse gilt dem Entwurf einer feministischen Wissenschafts- und Erkenntnistheorie, denn die mit Wissenschaft assoziierten Rationalitätsmodelle orientierten sich einseitig an männlichen Erfahrungen.[56]

Komplexere Bestimmungen von *gender*, die sich unter anderem auch für die Literatur- und Kulturwissenschaft nutzbar machen lassen, entwickelt bereits 1988 die Historikerin Joan W. Scott. Ihre Thesen in dem einflussreichen Werk *Gender and the Politics of History* richten sich, so Jutta Osinski, »auf *gender* als kulturelles Konstrukt, das soziale Beziehungen von Männern und Frauen auf vier Ebenen regelt: durch kulturelle Symbole, durch Normen und Werte, durch Institutionen und durch das individuelle Identitätsgefühl. Das entspricht dem traditionellen *sex/gender*-System, über das Scott jedoch hinausgeht. Da Vorstellungen von Männlichkeit und Weiblichkeit sich auch in Diskursen finden, die nichts mit realen Männern und Frauen zu tun haben – etwa in der Mystik, wenn die Seele als Braut und Gott als Bräutigam erscheinen –, versteht sie *gender* als ein Modell, mit dem Machtverhältnisse in den unterschiedlichsten Bereichen – Politik, Religion, Kunst – beschrieben werden können.« *Gender* dient also, so Osinski weiter, »als erkenntnisleitende Kategorie in der Analyse von Machtbeziehungen nicht nur zwischen den biologischen Geschlechtern, sondern überall dort, wo Beziehungen und Verhältnisse mit Attributen von Männlichkeit und Weiblichkeit metaphorisch bezeichnet werden«.[57] Joan Scotts Geschichts- und Genderverständnis ist von Foucaults Modell der Diskursanalyse beeinflusst. Für Scott ist *gender* dabei nicht die alleinige Kategorie in historischen oder literarischen Textanalysen, sondern eine Kategorie unter anderen.

Gender als Analysekategorie? Die kurz beleuchteten Debatten zeigen klar, dass die bislang als geschlechtsneutral und unteilbar verstandene Wissenschaft ins Gespräch gekommen ist. Evelyn Fox Keller und Sandra Harding stellen ihre Objektivität selbst als »konstruiert« und deshalb als verhandelbar dar. Damit sind die Gender Studies in eine neue, dritte Phase getreten, in der feministische Anliegen zunehmend von gendertheoretischen und wissenschaftskritischen Debatten abgelöst sind. Die Gender Studies sind mehrheits- und anschlussfähig geworden, bereit für transdisziplinäre Fragen.

Die Sex-Gender-Debatte
Butler, Benhabib

Niemand hat nach Simone de Beauvoir die theoretischen und politischen Debatten um *sex* und *gender* weltweit stärker und nachhaltiger beeinflusst als die bereits eingangs vorgestellte Judith Butler, so dass das Erscheinen ihres Buchs *Gender Trouble* als Beginn der dritten Welle der Emanzipationsbestrebungen bezeichnet werden kann. Butlers wesentliche Beiträge zu Feminist, Queer und Gender Studies umfassen drei wichtige Dimensionen: erstens ihr auf Foucault gestütztes Verständnis des Körpers als Oberfläche verschiedener regulativer Diskurse, zweitens ihr Verständnis von *gender* als performativer Stabilisierungsprozess sexueller Differenz, als *doing* und *undoing gender*, und drittens ihre philosophischen Betrachtungen von Ein- und Ausschlussmechanismen, ihre Erweiterung der Kategorie »gender identity« zu »gender identities«.

Mit Judith Butlers *Gender Trouble: Feminism and the Subversion of Identity* kommt im Jahr 1990 ein Ansatz zum Zuge, der als kultureller oder postmoderner Feminismus bezeichnet wird. Schon der Titel ihres in der Geschichte der Feminist und Gender Studies einmalig erfolgreichen Buches ist vielsagend: Für Männer, als Subjekte des Begehrens, repräsentiert das weibliche Objekt der Begierde »trouble«. »Trouble«, das heißt Ärger, Schwierigkeiten, Probleme entstehen, wenn die Frau eine Position der Passivität ablehnt und die männliche Autorität durchbricht. Diese Situation, so Butler, deckt gleichzeitig auf, wie unfundiert die weibliche Objektposition wie auch der männliche Anspruch auf Autorität und Dominanz sind. Beide Positionen sind konstruiert und deshalb dekonstruierbar. Butler fragt danach, welche Machtverteilung das Subjekt und »das Andere« konstruiert, wie es zu dem stabilen binären Verhältnis von Mann und Frau kommt. Die Antwort: Zwangsheteronormativität. Diese wird für Butler zum Angelpunkt ihrer Dekonstruktion von *gender* und *sex*. Sie kritisiert in diesem Kontext zunächst die Unterscheidung von *sex* und *gender*. Mit Jacques Lacan erklärt Butler, dass das Signifikat erst durch sein Gleiten in der Signifikantenkette »produziert« werde, also keine eigene Existenz besitze. Und, was weitaus entscheidender sei: Signifikat und Signifikant seien durch eine Sperre radikal getrennt, nicht nur willkürlich aufeinander bezogen, wie es nach de Saussure der Fall wäre, sondern gar nicht mehr aufeinander bezogen.[58] *Gender* befindet sich für Butler stets in der Position der Kopie, der Mimikry oder Mimesis (Joan Rivière). Das ständige Tun ist ein permanentes Wiederholen, und in diesem wiederholten Tun (*doing gender*) positionieren, gleiten und verschieben sich die Handelnden und mit ihnen die sie bestimmenden Diskurse. Kurz: Im Anschluss an Monique Wittig und Adrienne Rich greift Judith Butler die Zwangsheteronormativität an und plädiert für eine Vielfalt an Geschlechteridentitäten, in der auch homoerotische, bi- oder transsexuelle Geschlechterformen vertreten sind. Den binären heterosexuellen Geschlechterdualismus sieht Butler sowohl als Zwang wie als ständige Komödie, als Mimikry/Imitation des »großen Paares«.

Butlers Thesen zur Lockerung geläufiger Gender- und Geschlechtergrenzen lösen heftige Kontroversen aus, die sich insbesondere an der Auflösung der Grenze von Natur und Kultur entzünden. Der sogenannte Streit um Differenz involviert Seyla Benhabib, Drucilla Cornell, Nancy Fraser[59] und in Deutschland vorab Barbara Duden. Es ist vor allem der Untertitel von Butlers *Gender Trouble*, der irritiert: *Feminism and the Subversion of Identity*. »Können wir noch an der Trennung zwischen *sex* und *gender* festhalten, wenn der Körper selbst als soziale Konstruktion bzw. als gesellschaftlich konstituiert begriffen wird?«, fragt Renate Hof.[60] Gibt es noch eine (weibliche) Identität?

In *Bodies That Matter* (dt. *Körper von Gewicht*) entkräftet Judith Butler 1993 diese kritischen Reaktionen. Sie verkennt keineswegs die Materialität des Körpers, ihre Kritik richtet sich vielmehr gegen die erneute Abspaltung des Körperlichen im Rahmen des *sex/gender*-Systems, das somit die traditionellen Dichotomien von Natur/Kultur, von Körper/Geist weiterträge. Die Fortführung dieser Tradition erweise sich als theoretisch inkonsequent vor dem Hintergrund, dass seit dem späten 18. Jahrhundert die Begründung der männlichen Überlegenheit mit dem Hinweis auf den Status des Mannes als Kulturwesen erfolge, während die Frau als naturbestimmt und damit unterlegen begriffen werde. Naturwissenschaftliche beziehungsweise genetische (Thomas Laqueur) und anthropologische Erkenntnisse (Rubin, Ortner) sowie das revolutionierte Verhältnis zwischen Mensch und Maschine (Donna Haraway) dekonstruieren die Annahme, das Natürliche sei unveränderlich und das Kulturelle wandelbar.[61] Von großer praktischer und politischer Bedeutung war Judith Butlers Dekonstruktion der Heteronormativität für die Ausbildung der Gay/Lesbian Studies und der Queer Theory sowie für die künftige Anerkennung homoerotischer Lebenspartnerschaften: »If the body is not a ›being‹, but a variable boundary, a surface whose permeability is politically regulated, a signifying practice within a cultural field of gender hierarchy and compulsory heterosexuality, then what language is left for understanding this corporeal enactment, gender, that constitutes its ›interior‹ signification on its surface?«[62]

So ist das körperliche wie kulturelle Geschlecht, mit Sartre gesprochen, »Lebensart und Lebensweise«, in den Worten Foucaults »eine Seinsweise« oder, nach Butler, »a dramatic and contingent construction of meaning«.

Gay/Lesbian Studies und Queer Theory
Rich, Lorde, Sedgwick, Fuss, Butler, Halberstam

Der lesbische Feminismus als Lebensform und politische Praxis formiert sich bereits in den sechziger und siebziger Jahren in Reaktion auf vielfältige Marginalisierungen und Diskriminierungen. Lesbische Feministinnen wie Adrienne Rich oder Audre Lorde beschreiben, wie der normierte kulturelle Zwang zur Heteronormativität noch entscheidender als die wirtschaftliche Diskriminierung der Frau männliche Dominanz generiere und garantiere.

Die seit den siebziger Jahren betriebene Forschung zu männlicher und weiblicher Homosexualität, seit den neunziger Jahren besser bekannt als Queer Theory, weitet sich allerdings auch inhaltlich aus. Noch in den achtziger Jahren negativ konnotiert, erfährt der Begriff »queer« (ursprünglich: sonderbar, seltsam, komisch, verschroben, verrückt) eine positive Umwertung. Seine begriffliche Unbestimmtheit eröffnet die Möglichkeit, sich aus binären Oppositionen, die auch noch die Gay/Lesbian Studies prägten, zu befreien. Während in den siebziger Jahren zunächst Diskriminierung und Ausgrenzungsfragen untersucht werden, finden heute eher die vielfältigen Zusammenhänge zwischen den unterschiedlichen geschlechtlichen und sexuellen Orientierungen, auch im Hinblick auf Konzepte wie Ethnizität oder Religion, Beachtung. Ebenso wie beim Konzept des Geschlechts werden heute zunehmend, in Anlehnung an Butler und Foucault, der Konstruktionscharakter sexueller Identität und die Normalisierungskräfte der Diskurse hervorgehoben. Damit wird die Frage der Geschlechterdifferenz neu gestellt und versucht, die Binarität der Geschlechteropposition aufzulösen (Intersexualität, Transsexualität usw.).[63]

Schon in den siebziger Jahren beginnt die Lesben- und

Schwulenbewegung ihre Identitätspolitik theoretisch zu fassen. Und wie zu Beginn der Feminist Studies konzentrieren sich die Gay/Lesbian Studies vorerst auf die Relektüre bekannter Texte (zum Beispiel Henry James, Virginia Woolf) oder das Aufspüren einschlägiger Biografien. Viel beachtet werden Eve Kosofsky Sedgwicks Bücher *Between Men: English Literature and Male Homosocial Desire* (1985), 1990 gefolgt von *Epistemology of the Closet*. Beide Studien erlauben einen neuen Blick auf das verdrängte homoerotische Begehren.

In Anlehnung an Foucault theoretisiert auch Teresa de Lauretis in *Technologies of Gender* (1987) *gender* jenseits der Grenzen sexueller Differenz. Dabei entwickelt sie einen poststrukturalistischen Subjektbegriff, der das Subjekt als multipel, gegensätzlich und gespalten sieht. Darüber hinaus lenkt sie die Aufmerksamkeit auf die zentrale Funktion der Repräsentationen sowie in *The Practice of Love: lesbian sexuality and perverse desire* (1994) auf das lesbische Begehren. Teresa de Lauretis gehört zu den wesentlichen Mitbegründerinnen der Lesbian Studies und der Queer Theory.

So wie die Feminist Studies von den Gender Studies abgelöst wurden, so wurden die Gay/Lesbian Studies in der postfeministischen Zeit von der Queer Theory abgelöst. Verschwunden sind sie deswegen nicht vollständig. Obwohl Judith Butlers Zielpublikum primär ein feministisches ist, wird *Gender Trouble* auch als theoretische Grundlage der im Entstehen begriffenen Queer Theory aufgenommen; diese in den neunziger Jahren sich formierende interdisziplinäre Bewegung stützt sich auch auf die Vorleistungen der Gay/Lesbian Studies. Wichtig wird selbstredend Butlers Kritik der Heteronormativität sowie die Erweiterung von Identität zu Identitäten.

Die Unbestimmtheit von *sex* und *sexuality* in Definitionsfragen wie Identitätsprozessen – »drag«, »butch«, »femme« sind Geschlechterimitationen, Formen von Mimikry – ist eine

Eigenart der Queer Theory.[64] Methodisch nomadisiert die Queer Theory zwischen Psychoanalyse, Dekonstruktion und Gender Studies. Nichtangehörigen der Gay/Lesbian Community drohte gelegentlich ein Ausschluss von der Queer Theory, eine Form der Essenzialisierung, die Diana Fuss bereits 1989 in *Essentially Speaking: Feminism, Nature and Difference* verurteilt. Queer Theory muss also, will sie überleben, selbst gequeert, durchbrochen werden. Queer bleibt ein Geflecht, eine Denkfigur des Widerstandes gegen die Zwangsheteronormativität, die sich mit der Identitätenpolitik, mit Praktiken der Trans- und Intersexualität, des Transgenderings und Gendercrossings der neunziger Jahre weiterentwickelt hat. Als wichtige Theoretikerin erweist sich J (Judith) Jack Halberstam mit *Female Masculinity* (1998) und 2012 mit *Gaga Feminism: Sex, Gender, and the End of Normal*. Mit »Gaga«, »exzentrisch«, »androgyn«, umschreibt Halberstam einen spielerischen normsprengenden Umgang mit der Geschlechterpolitik.

Die Queer Theory erweist sich auch in der Praxis als anhaltend produktiv. So lösen sich zum Beispiel seit Beginn des 21. Jahrhunderts Medizin oder Psychologie von einer Definition der Transsexualität (Überschreitung des dualistischen Geschlechtersystems) als Krankheit sowie einer Fixierung auf eine Identität. Trans-, Mehr- und Zwischengeschlechtlichkeiten erfahren dank der Gay/Lesbian Studies und der Queer Theory eine höhere Akzeptanz.[65]

Gender und Postcolonial Studies
Moraga/Anzaldúa, Trinh, Spivak, Mohanty, Suleri

Postkolonialismus als Konzept existiert seit den frühen achtziger Jahren im Umkreis der Dekonstruktion, doch reichen Praxis und Theorie der Beschäftigung mit postkolonialer Marginalisierung wesentlich weiter zurück: zu Albert Memmi mit seinem Buch *The Colonizer and the Colonized* (1965) und zu Frantz Fanon mit *The Wretched of the Earth* (1961). Der Begriff dient vor allem zur Kritik am »kulturellen Imperialismus« als Folgeerscheinung kolonialer Erfahrung. Gender und Postcolonial Studies sind Ausdruck einer weiteren Differenzierung, die in der dritten Phase der Women's respektive Gender Studies der neunziger Jahre auf den Plan tritt. Im Anschluss an die Black Studies werden erneut die weißen diskursiven Ausschlussmechanismen (Streit um Differenz) kritisiert. Das »Ende der großen Erzählungen« (Lyotard), das heißt das Fragwürdigwerden der großen totalisierenden Theorien hat sicher geglaubtes Wissen um »die Frau« als politisches Subjekt, die binäre Geschlechterordnung und den Körper als ontologische Größe nachhaltig erschüttert und damit auch die alte innerfeministische Scheidelinie um Gleichheit versus Unterschiedlichkeit/Differenz problematisch werden lassen.[66]

Der Einfluss der Postcolonial Studies zeigt sich beispielsweise in den Texten von Gayatri Spivak, Bill Ashcroft, Gareth Griffith, Helen Tiffin, Edward Said oder Homi K. Bhabha. Postcolonial Studies weisen einen einheitlich universalistischen Standpunkt und Anspruch zurück und plädieren stattdessen für Offenheit, Hybridität und kulturelle Polyvalenz.

Mit dem 1988 veröffentlichten einflussreichen Aufsatz *Can the Subaltern Speak?* führt die Komparatistin, Anglistin und Kulturkritikerin Gayatri Chakravorty Spivak einen weiteren Begriff ein: Subaltern Studies. In dem gleichnamigen Aufsatz beschäftigt sich Spivak mit den Wirkungen von Zuschreibungen und Projektionen auf Subalterne, also mundtot gehaltene Vertreterinnen einer kolonialen respektive postkolonialen Gesellschaft. Sie kritisiert aber auch die Wiederverwendung von Gramscis Begriff »subaltern«. Wichtig sei, Stimme und Handlungsmacht im postkolonialen Indien zu reetablieren. Subaltern Studies zielen deshalb auf eine Revision bestehender Verhältnisse zugunsten von Benachteiligten. Deutlich zeugen dabei Spivaks Überlegungen von ihrer Auseinandersetzung mit Jacques Derridas dekonstruktivistischer poststrukturalistischer Theorie. 1976 überträgt sie dessen *Grammatologie* ins Englische. Spivak verknüpft freilich Derrida mit marxistischen Theorien und fordert nicht nur eine Dekonstruktion von Bedeutung nach Derrida, sondern mehr Macht für die marginalisierte subalterne Bevölkerung. Vom Terminus »postkolonialistisch« distanziert sich Gayatri Spivak. In ihrem 1999 erschienenen Buch *A Critique of Postcolonial Reason* übt sie des Weiteren scharfe Kritik an der globalisierten neoliberalen Wirtschaft, die die Strukturen des Kolonialismus und Postkolonialismus erneut rekonstruiere.

Mit Edward Said und Homi K. Bhabha gehört Gayatri Spivak dennoch zu den Hauptstimmen der Postcolonial Studies, die in den neunziger Jahren großen Einfluss auf die Literatur- wie auf die Kultur- und Gesellschaftswissenschaften ausüben. Wichtige Beiträge zu den Postcolonial Feminism/Gender Studies liefern darüber hinaus die Chicanas Cherrie Moraga und Gloria Anzaldúa. Symptomatisch für die intensive Beschäftigung mit »identity«, besser, einem »identity continuum« in den neunziger Jahren ist die Publikation *Identities* von Kwame A. Appiah und Henry Louis Gates, Jr.

Die Postcolonial Feminist/Gender Studies können nicht einfach als Untergruppe der Postcolonial Studies betrachtet werden. Zu sehr hat sich eine eigenständige Beschäftigung mit Mehrfachbenachteiligungen um Rasse, Ethnizität, Klasse und Geschlecht herausgebildet. Eine interessante Vertreterin dieser Richtung ist die vietnamesische Filmemacherin, Theoretikerin und Professorin für Women's Studies and Rhetoric Trinh T. Minhha. Mit dem Begriff »inappropriated others« versucht Trinh, die postkolonialen Subjektpositionen jenseits westlicher Vereinnahmung zu erfassen. Unterstützt wird sie darin von Chandra Talpade Mohanty. Die Erweiterung der Women's und Gender Studies unter »postkolonialer« Flagge ist wegweisend für Theoretikerinnen anderer Kulturkreise. Sara Suleris einflussreiche Studie kolonialer Praxis im britisch beherrschten Indien, *Rhetoric of English in India*, wäre ohne diese Bewegung kaum denkbar.[67]

Intersektionalität; Inter-, Trans- und Post-Problematik

Ungleichheit und Differenz, die Themen der 1970er und 1980er Jahre, bekommen in der Auseinandersetzung um den Begriff »Intersektionalität« neue Brisanz. Geprägt von der US-amerikanischen Rechtsprofessorin und Aktivistin Kimberlé Crenshaw 1987/89, erweitert »intersectionality« besonders nach 2000 die »race-, class-, gender«-Triade zum internationalen Kennwort für multiple Diskriminierung. Die Kreuzung beziehungsweise Überschneidung unterschiedlicher Marginalisierungen, d. h. Formen von Macht, Herrschaft und Ungleichheit, hat sich durch das neue Schlagwort »intersectionality« popularisiert und global durchgesetzt. Nicht zu verwechseln oder gleichzusetzen mit »diversity« (wie bei Guitérrez Rodríguez), lässt sich Intersektionalität kaum eingrenzen, sondern meint, so Kathy Davis, einen Variationsreichtum an thematischen, methodischen und theoretischen Referenzen.

Im deutschen Sprachraum haben sich u. a. Gudrun-Axeli Knapp und Isabell Lorey mit dem epistemischen Potenzial des Begriffs beschäftigt und damit verbunden mit den »politics of belonging« (Nira Yuval-Davis). In der Art und Weise, wie enge und etablierte Begrenzungen aufgebrochen und verschoben worden sind, äußert sich die metaphorische und subversive Qualität des Begriffs auch praktisch.

Die Inter-, Trans-, und Post-Problematiken entpuppen sich dabei als Schwachstellen, denn sie setzen stets bestimmte Entitäten voraus (Knapp). So werden den fixen Kategorien von Intersektionalität mit Vorteil offenere und fließende Formen gegenübergestellt. Intersektionalität versteht sich am besten als Kreuzung von Bewegungen unterschiedlicher sozialer Benachteiligungen. Ein Konsens, wie viele Differenzkategorien wirksam analysiert werden dürfen, ist weder empfehlenswert noch herstellbar. Ratsam ist die Vorstellung und Durchführung einer Mehrebenenanalyse, die auch trans- und postdisziplinär wirksam werden kann. Wichtig ist dabei, Transparenz aller Bedingungen in ihren Bedingungsrahmen herzustellen.

Transkulturelle Genderforschung mit intersektionalen Fragestellungen findet sich zunehmend, u. a. in Michiko Mae und Britta Saal (Hrsg.), *Transkulturelle Genderforschung. Ein Studienbuch zum Verhältnis von Kultur und Geschlecht*, und vor allem in Bettina Dennerlein / Elke Fritsch / Therese Steffen (Hrsg.), *Verschleierter Orient – Entschleierter Okzident? (Un-) Sichtbarkeit in Politik, Recht, Kunst und Kultur seit dem 19. Jahrhundert*.

Gender Studies und Masculinities Studies

Pleck/Sawyer, Brod, Kaufman, Kimmel, Connell, Theweleit, Hollstein, Böhnisch

Zu den Gender Studies gehören seit den siebziger Jahren auch die Masculinities Studies / Männerstudien. Mit der Auflösung scheinbar natürlicher Geschlechterdifferenzen und -hierarchien, das heißt der Emanzipation der Frau, geht auch eine oft beschworene Krise des Mannes und der Männlichkeit einher, denn die über Jahrhunderte zementierte Selbstverständlichkeit, dass der Mann das Maß für den Menschen und Inbegriff der menschlichen Natur ist, wurde brüchig, die bisherige Abgrenzungs- und Bestimmungsgröße »weißer, heterosexueller Mann« musste relativiert werden. Nachdem der Mann nicht länger ein unanfechtbares Konstrukt verkörpert, sondern als variables Bündel kultureller Normen begriffen wird, ist die Zeit reif, Maskulinität auch wissenschaftlich zu thematisieren, nun als eine Vielzahl möglicher Maskulinitäten. Analog zu den Women's Studies, die sich in den siebziger Jahren der Erforschung von Weiblichkeit in verschiedenen Kulturen und Disziplinen widmen, etablieren sich rund zwanzig Jahre danach die Men's Studies als eigener Forschungszweig.

Wie in der frühen Phase der Women's Studies verfahren die Masculinities Studies dabei weitgehend in geschlechtsspezifischer Exklusivität. Zunächst sind es vornehmlich angloamerikanische Literaturwissenschaftler und -wissenschaftlerinnen wie Jonathan Culler, Terry Eagleton, Stephen Heath, Alice Jardine, David Morgan, Cary Nelson, Andrew Ross, Robert Scholes, Eve Kosofsky Sedgwick oder Paul Smith, die danach fragen, wie literarische Texte Maskulinitätskonzepte reflektieren, modifizieren und selbst wiederum neue Fiktionen von Männlichkeiten generieren.[1] Es geht ihnen dabei um die Analyse von Männerbildern, genauer um die soziokulturelle stereotype Repräsentation von Maskulinitäten. Im Folgenden werden nicht nur die heroischen Männlichkeitsmythen demontiert, etwa vom amerikanischen »Frontier-« und Westernhelden, diskutiert werden auch die geschlechtstypischen Männerbünde, generell das »male bonding«. Vielschichtigkeiten und Differenzen von Männlichkeit sowie die hierarchischen Machtverhältnisse innerhalb dieser Maskulinitäten werden dabei sichtbar. Als kulturell produziertes und historisch variables Zeichenkonstrukt und Signifikat wird Männlichkeit nun ebenfalls zum kultur- und literaturwissenschaftlichen Forschungsobjekt.[2]

Die ersten Masculinities Studies entstehen in den USA Mitte der siebziger Jahre, als der von Joseph H. Pleck und Jack Sawyer vorgelegte Sammelband *Men and Masculinity* (1974) die geläufigen Vorstellungen einer eindimensionalen Männlichkeit radikal kritisiert. *Men and Masculinity* befreit den Mann sozusagen aus der biologisch vorgegebenen Rolle einer eindeutig definierten »gesunden« und »normativen« Geschlechterrolle. Nicht nur wird das traditionelle Männerbild von einer moderneren, soziohistorisch reflektierten Vorstellung abgelöst; auch die belastenden Seiten traditioneller heterosexueller Männlichkeit, die Forderungen nach Härte, Mut, Souveränität und Ähnlichem, werden als Geschlechtsrollendruck identifiziert. Nicht mehr die Abweichung von der Norm gilt als krankhaft, sondern der Rollendruck wird als krankmachend erkannt.

In der zweiten Hälfte der achtziger Jahre versucht eine neue Generation, analog zu den Women's Studies, Masculinities Studies als eigenständiges Studiengebiet zu etablieren. Wegweisend sind dabei die drei folgenden, 1987 erschienenen einflussreichen Sammelbände: Harry Brod (Hrsg.), *The Making of Masculinities: The New Men's Studies*, Michael Kaufman (Hrsg.), *Beyond Patriarchy: Essays by Men on Pleasure, Power, and Change*, Michael S. Kimmel (Hrsg.), *Changing Men. New Direc-*

tions in Research on Men and Masculinity. Alle drei Herausgeber engagieren sich mit Nachdruck in der antisexistischen, profeministischen New-Men-Männerbewegung.[3] Harry Brods erklärtes Ziel ist es, »to eliminate the old hegemonic scholarship of ›man as male to man as generic human‹ and to establish ›the study of masculinity as a specific male experience, rather than a universal paradigm for human experience‹«.[4]

Wie in den Gender Studies der USA üblich, wird zunehmend auch das Zusammenspiel von Männlichkeit mit anderen gesellschaftlich-kulturellen Kategorien wie Klasse, ethnische, politische und religiöse Zugehörigkeit oder sexuelle Ausrichtung berücksichtigt. Und wie andere in dieser Zeit entstehende neue Fachbereiche – etwa Afro-American Studies, Asian-American Studies – richtet sich Männerforschung bald interdisziplinär aus.

Während schon länger vereinzelt Men's-Studies-Kurse angeboten werden, entwickeln sich die New Men's / Masculinities Studies in den USA, gerade in der Nachwirkung von Brod, Kaufman und Kimmel, um 1990 zur Disziplin.[5] Noch ist das Angebot im Vergleich zu den Women's Studies verhältnismäßig gering, doch registriert Doyle 1995 ein Anwachsen des Angebots von vierzig Kursen 1984 auf über 200 im Jahr der Erhebung.[6] Seither hat sich die Zahl verdreifacht.

Zwischen den beiden Feldern Queer Theory und New Men's / Masculinities Studies bestehen sowohl Verbindungen wie Abgrenzungen. Die New Men's / Masculinities Studies befinden sich zudem in ständiger Auseinandersetzung mit den Women's Studies einerseits und mit konkurrierenden Vorstellungen von Männlichkeiten jenseits der Queer Theory andererseits. Um eine Konkurrenz mit den Women's Studies zu vermeiden, schlägt Jeff Hearn schon 1990 die Bezeichnung »The Critique of Men« vor.[7] Diese »kritische Männerforschung« nimmt, stets in Bezug auf die Resultate der Women's

Studies, explizit und kritisch Männer in den Blick. Der ausgesprochen antihegemonialen, profeministischen Ausrichtung der New Men's Studies oder kritischen Männerforschung stellen sich jedoch die international einflussreichen Arbeiten des australischen Männerforschers Robert W. (Bob) Connell, heute Raewyn Connell, entgegen. Sie sollen deshalb ausführlicher und kritisch besprochen werden. Der Soziologe / die Soziologin Connell und der französische Kollege Pierre Bourdieu, die vor allem die Mechanismen der Aufrechterhaltung männlicher Macht betrachten, bringen nicht nur Konzepte wie »hegemoniale Männlichkeit« (Connell) oder bestimmende »phallo-narzisstische Dispositionen« (Bourdieu) erneut auf den Tisch, sondern auch unterschiedlichste Anregungen für ein Praxisfeld, das von sozialpädagogischer Jungenarbeit bis hin zur sozialkonstruktivistischen männlichen Sozialisationsforschung reicht. Wiewohl die bewusste kritische Auseinandersetzung des Mannes mit seinen Erfahrungen als Mann auf verschiedenen Ebenen potenziell befreiend und erhellend sein mag, dürften doch Männer erheblich von einer erneuten Zentrierung und Zentralisierung des Mannes profitieren, wie sie diese beiden Forscher propagieren. Connell bestimmt im dynamischen Verständnis der Geschlechterverhältnisse *gender* als soziale Praxis, die »kreativ und erfinderisch, aber nicht ursprünglich«[8] ist. *Gender* konstituiert und rekonstituiert sich nach Connell »ontoformativ«, das heißt, es erschafft sich seine Wirklichkeit prozesshaft selbst. Diese Auffassung von *gender* als »körperreflexive Praxis« ist wohl auf den Leib bezogen, aber nicht essenzialistisch auf ihn reduziert. Doch wie offen und dynamisch Connells Konzept einer »hegemonial masculinity« auch angelegt ist, birgt es doch im Kern einen maskulinen Herrschaftsanspruch. Und wie eingeschränkt der Spielraum einer prozesshaften Geschlechterkonstruktion letztlich ist, zeigt sich an Connells Dreistufenmodell, über das sich das soziale beziehungsweise kulturelle Geschlecht im Sinne einer »hegemonialen Maskulinität« in der westlichen Welt herausbildet. Bestimmend sind die folgenden Beziehungsmuster:

- Machtbeziehungen, vor allem auf männliche Dominanz bezogen
- Produktionsbeziehungen, die in der kapitalistischen Praxis zu geschlechtstypischen Arbeitsteilungen oder männlicher Vormacht führen
- Bindungsstrukturen emotionaler Art, die, nach Freud, in einem die Männerdominanz stützenden System der (Zwangs-)Heterosexualität formiert und reproduziert werden.[9]

Das so im ständigen Entstehen begriffene soziale beziehungsweise kulturelle Geschlecht (*gender*) verknüpft auch Connell mit den Kategorien Rasse, Klasse oder globale (Un-)Gleichheit. Auch Connell spricht nicht mehr von Männlichkeit, sondern von Männlichkeiten oder eben von einer »offenen und dynamischen hegemonialen Männlichkeit«.

In den jüngeren Arbeiten interessiert sich Connell sowohl für die Symbolisierung im Sinne der kulturellen symbolischen Repräsentanz der Geschlechter als auch für die Art und Weise, wie sich hegemoniale Männlichkeit im Globalisierungsprozess verändert. Er/sie sieht dabei Kolonialisierungsprozesse rassistisch und vor allem auch sexistisch orientiert, denn die Geschlechterordnungen der eroberten Gesellschaften wurden nach den Prinzipien der Verdrängung, Einordnung und Vermischung reorganisiert.[10] Wiewohl Connell die ständige Regenerierung hegemonialer Männlichkeit in diesen Konzepten zu fassen und zu erklären versteht, bergen diese doch etliche Schwachstellen und Gefahren. Connell vermag sich nicht wirklich und konsequent von einer patriarchalischen Dualität

Mann – Frau zu trennen. Die Frau bleibt männlich dominiert. Zwar darf sie sich auflehnen und die männliche Hegemonie in Frage stellen; sie tut das jedoch stets aus der Rolle der gutmütig Duldsamen, emotional an den Mann Gebundenen. Halten wir fest: Robert/Raewyn Connells Geschlechterkonzept zementiert nicht nur geläufige Rollenmuster; es bietet auch keinen Ausweg aus der Sackgasse hegemonialen Vorrechts. Es ist zu fragen, inwieweit Antonio Gramscis Hegemoniekonzept in Connells Theoriegebäude nicht fruchtbar durch den radikal kontingenten Hegemoniebegriff, wie er von Ernesto Laclau und Judith Butler vertreten wird, erweitert oder gar ersetzt werden könnte.

Erst 1993, rund zwanzig Jahre nach *Men and Masculinity* von Peck und Sawyer, diskutieren im deutschsprachigen Raum Walter Hollstein, Lothar Böhnisch und Reinhard Winter als Erste ein problematisches Männerbild und den daraus resultierenden Geschlechterrollendruck. Ihr Buch *Männliche Sozialisation: Bewältigungsprobleme männlicher Geschlechtsidentität im Lebenslauf* versteht »Mannsein« als »emotionale Bewältigungskategorie«. Als grundlegende Bewältigungs- und Erfolgsstrategien gelten folgende geschlechtstypische Charakteristika[11]:

- Externalisierung, Außenorientierung (Außenwelt wird wahrgenommen und thematisiert; Innenwelt muss negiert, darf nicht thematisiert werden)
- Gewalt (gegen Frauen, andere Männer, sich selbst)
- Benutzung (Funktionalisieren/Abwerten von Mensch und Umwelt)
- Stummheit (fehlender reflexiver Selbstbezug; Männer reden über alles, nur nicht über sich selbst)
- Alleinsein (Zwang zur Autonomie, dazu, mit allem allein fertig zu werden)

- Körperferne (Nichtwahrnehmen des eigenen und der anderen Körper; Angst vor körperlicher Nähe/Intimität, Objektivierung von Frauen)
- Rationalität (Abwertung und Verdrängung von Emotionalität)
- Kontrolle (Selbstkontrolle, Kontrolle der Umwelt)

Die Bandbreite dieser stereotypischen männlichen Verhaltensmuster erfordert einen interdisziplinären Zugriff. In der Tat hat sich seit den frühen Studien das Forschungsspektrum erweitert und differenziert, nun kommt eine Vielfalt an methodischen Zugängen moderner Geistes- und Sozialwissenschaft zum Einsatz. Generell geht es um aktuelle wie zurückliegende Vorstellungen von »Männlichkeit« und um deren Repräsentation in den Medien, im Film oder in der Literatur. Ein zentrales Thema ist der Zusammenhang von männlichen (Selbst-)Bildern und Gewalt. Woher stammt diese Spannung, die sich plötzlich entlädt? Sowohl Machtbeziehungen und ihre ökonomische Bedingtheit wie auch emotionale Bindungsstrukturen sind zu untersuchende Parameter, die den maskulinen Rollendruck bestimmen. Zur Sprache kommt dabei nicht nur ein problematisiertes Männerbild, sondern ebenso der geschlechtsspezifische männliche Rollendruck als Folge eines unbezwingbar autonomen »Körperpanzers« (Klaus Theweleit). Theoretische wie praktische Versuche zur Bewältigung männlicher Identitätskrisen, beispielsweise in sinnstiftenden Ritualen, ergänzen die Studien.

Frauen wie Männer bewegen sich in Kulturen, in Ensembles von Sinndimensionen, die vielfach verknüpft sind. Bleibt der Körper die bestimmende Differenz? Zweifellos bestehen anatomische Unterschiede. Doch wir können diese Differenz weiterhin nur sprachlich und kulturell deuten. Über Sprache definiert sich, wer und was Objekt und Subjekt ist, was (männliche oder weibliche) Identität wird. Sprache hilft, diese zu formen, zu verändern, zu symbolisieren. Trotz und gerade auch angesichts der Mikrobiologisierung oder Femalisierung[12] des kleinen Unterschieds gehören Konfigurationen von Maskulinitäten als Gefüge sprachlicher und kultureller Bedingungen besonders untersucht. Insbesondere die kulturtheoretische Bewegung der Dekonstruktion wirkte einer stabilen monolithischen Bedeutung von Männlichkeit entgegen und ermöglichte weitreichende Implikationen und Begriffserweiterungen für die literatur- und kulturwissenschaftliche Forschung. Wie Judith Butler in *Gender Trouble* (1990) festhält, funktionieren Geschlechterrollen wie Gesetze. Sie erhalten ihre Macht erst aus dem nicht hinterfragten Glauben an ihre Autorität. Diese Normen gilt es zu hinterfragen und zugunsten beider Geschlechter aufzubrechen.

Gender als Wissens- und Analysekategorie

Bußmann / Hof, von Braun / Stephan, – Frey Steffen / Rosenthal / Väth

Gender Studies, das auch im deutschen Sprachraum geläufige, auf die Kategorie Geschlecht verweisende englische Begriffspaar, subsumiert heute vieles und Unterschiedliches.[1] Es meint mittlerweile Teilbereiche wie Geschlechterstudien oder Frauen- und Männerforschung ebenso wie differente theoretische Ansätze und Sichtweisen: Geschlecht als Differenztheorie und soziale Kategorie, als Kritik androzentrischer Modelle (Woolf, de Beauvoir), Geschlecht als *doing/undoing gender* (West/Zimmermann/Lorber/Butler), Geschlecht als Technologie (de Lauretis), Geschlecht als Repräsentation (de Lauretis, Bronfen), Geschlecht als Konstrukt und Performanz (Butler), Geschlecht als Existenzweise (Maihofer), Geschlecht allgemein als Reflexionsprozess und Erkenntnistheorie, Geschlecht als Wissenschaftskritik – und dies aus unterschiedlichen Fach-, Fakultäts- und Länderperspektiven.

Doch wie ist die Kategorie »Geschlecht«, der Begriff Gender Studies tatsächlich zu Beginn des 21. Jahrhunderts zu bestimmen? Kann heute noch mit Gender Studies bezeichnet werden, was sich längst von Judith Butlers Konstruktions- respektive Dekonstruktionsmetapher wegbewegt und auf biologische, neobiologistische Ansätze zusteuert, die das Ende der kulturellen Konstruktion und den Beginn der genetischen Determination verkünden? Was lernen die aus den Geisteswissenschaften stammenden Gender Studies von den Naturwissenschaften und umgekehrt? Was halten kulturelle Reflexions- und Leitsysteme dem Anspruch auf genetische Bestimmung entgegen? Werden etwa nicht nur Begriffsbildungen überdacht, sondern auch Territorien neu verhandelt, Fachgrenzen nur scheinbar oder tatsächlich überwunden? Sind Gender Studies in dieser Vielfalt noch greifbar? Falls ja, unter welchen Kriterien? Wie und wohin entwickeln sie sich?

Eine Reihe ausführlicher, nach 2000 im deutschen Sprachraum publizierter Handbücher, Lexika und Einführungen zu Gender Studies rezipiert diese rasante Entwicklung, die im engen Rahmen des vorliegenden Bandes keine ausführliche Darstellung finden kann. Als weiterführende Lektüre seien deshalb die wichtigsten kurz vorgestellt: Der von Hadumod Bußmann und Renate Hof herausgegebene Sammelband *Genus* gilt als Pionierwerk. Erstmals 1995 aufgelegt und 2005 wesentlich erweitert, dokumentiert er die Entwicklung der Gender Studies über zehn Jahre. Waren es 1995 noch zehn Beiträge, so sind es 2005 sechzehn. Während die erste Auflage die Kategorie *gender* in den Disziplinen Philosophie, Theologie, Sprach- und Literaturwissenschaft, Geschichte, Musik, Kunst, Ästhetik, Semiotik und Psychoanalyse thematisiert, finden sich in der zweiten nun auch Beiträge zu den Sozialwissenschaften. »Ohne einen Dialog mit Soziologie, Politik- oder Rechtswissenschaft ist die Erforschung der Genus/gender-Thematik in den Kulturwissenschaften kaum noch denkbar«, schreiben die Herausgeberinnen in ihrem Vorwort.

Zu den Bänden, die schnell und zu Recht zu Standardwerken avanciert sind, gehört ebenso die von Christina von Braun und Inge Stephan im Jahre 2000 veröffentlichte Einführung *Gender Studien*. Nach einleitenden Kapiteln zu »Gender, Geschlecht und Geschichte«, »Gender, Geschlecht und Theorie«, »Gender, Geschlecht und Männerforschung« folgen siebzehn Beiträge zu »Gender-Studien in einzelnen Disziplinen«, und zwar unter anderem zu den Sozialwissenschaften, zur Wirtschaftswissenschaft, zur Sexualwissenschaft, zu den Naturwissenschaften, zur Informatik und zur Agrarwissenschaft. 2005 folgt ein zweites von Christina von Braun und Inge Stephan herausgegebenes Handbuch der Gender-Theorien mit dem vielsagenden Titel *Gender@Wissen*. Gegenüber früheren vergleichbaren Werken beschreitet diese Publikation, so Rolf Löchel, einen neuen Weg: »Beschränkten sich verwandte Bände bislang darauf, Übersichten über einzelne Disziplinen zu geben und deren Erkenntnisse additiv aneinander zu reihen, so richtet das vorliegende Buch sein Augenmerk nicht nur darauf, ›welche bedeutsame Rolle die Kategorie Geschlecht in den theoretischen Debatten der Gegenwart spielt‹, sondern widmet sich auch dem Verhältnis der Gender Studies zu anderen disziplinenübergreifenden Forschungen. Dieser doppelten Aufgabe wird der Band durch eine Zweiteilung gerecht.«[2]

Zu den behandelten Themenfeldern gehören Identität, Körper, Reproduktion, Sexualität, Gewalt/Macht, Globalisierung, Performanz/Repräsentation, Lebenswissenschaften, Natur/Kultur, Sprache/Semiotik und Gedächtnis. Im zweiten Teil werden dann die Abgrenzungen beziehungsweise Überschneidungen der Gender Studies zur Postmoderne, zu Queer Studies, Postcolonial Theory, Media Studies und Cultural Studies beleuchtet. Damit zeigt der Band *Gender@Wissen* auf exemplarische Weise, wie *gender* als Schnittstelle aktueller interdisziplinärer Konfigurationen funktioniert. Darüber hinaus diskutiert er einführend »Geschlecht als Wissenskategorie«. Christina von Braun und Inge Stephan betonen, wie wichtig das sozial- und kulturwissenschaftliche Instrumentarium für die Hinterfragung von Normierungsprozessen und die Wissenschaftsreflexion sei. Damit werden Prozesse der »Entstehung, Einschreibung und Perpetuierung von Diskursen und Praktiken des Wissens« untersucht. Methodisch könne hier auch »von einer Wende des Blicks die Rede sein: von den materiellen, ökonomisch/sozialen Verhältnissen zur Wahrnehmung der sprachlichen und medialisierten, bildlichen, insgesamt kulturellen Formen der Konstruktion von Wirklichkeit«. Der »genetic turn«, der mit der Verabschiedung der These über die Naturhaftigkeit der Geschlechter einhergehe, begleite so den »linguistic turn« und den »pictorial turn«, die sich zusammen und analytisch orientiert als »discursive turn« fassen ließen. Die verschiedenen »turns« haben, so von Braun und Stephan, zu einer Dynamisierung der Forschungsdebatten geführt, denn die »Bühnen des Wissens« (Helmar Schramm / Hans Christian Herrmann) profitierten von ebenjener kulturhistorischen Wendung, der auch die Genderforschung am Ende des 20. Jahrhunderts wichtige Impulse verdanke. Damit haben die kulturwissenschaftlich orientierten Disziplinen mit ihren Debatten über Identität, Sexualität, Körper, Gedächtnis, Macht, Gewalt, Reproduktion oder Repräsentation wesentlich auch medizinische, sozial- und naturwissenschaftliche Diskurse beeinflusst, so dass von einem neuen Dialog der »zwei Kulturen« die Rede sei.

In diese Richtung zielt 2004 ein dritter, von Therese Frey Steffen, Caroline Rosenthal und Anke Väth herausgegebener Band: *Gender Studies. Wissenschaftstheorien und Gesellschaftskritik*. Er gliedert sich in vier Kapitel: »Karrieren des Geschlechts«, »Geschlecht als theoriebildende Kategorie«, »Forschungsperspektiven Geschlecht« sowie »Geschlecht als gesellschaftsverändernde Kraft«. Mit dieser Aufteilung sollen der fortschreitenden akademischen Etablierung der Gender Studies Rechnung getragen und die theoretischen wie gesellschaftskritischen Perspektiven aus heutiger Sicht beleuchtet werden. Die Anordnung der vier Kapitel verkehrt die chronologische Entwicklung, denn die Gender Studies haben sich aus der politischen Frauenbewegung entwickelt und bauen auf deren gesellschaftsveränderndem Potenzial auf. Der Band *Gender Studies. Wissenschaftstheorien und Gesellschaftskritik* beginnt mit dem Ergebnis dieser langjährigen Anstrengungen und zeigt dann auf, wie sich aus dem akademischen Diskurs erneut gesellschaftsverändernde Kräfte entwickeln. Eine dezidierte Auseinandersetzung mit den Naturwissenschaften findet sich unter anderem in den Beiträgen von Stefan Hirschauer (*Social Studies of Sexual Difference:* Geschlechterdifferenzierung in wissenschaftlichem Wissen), Manfred Weinberg (Von Genen, Körpern und Konstrukten: Geschlecht zwischen *Sex* und *Gender*), Elvira Scheich (Objektivität, Perspektivität und Gesellschaft: Zum Verhältnis von soziologischer Theorie und Wissenschaftsordnung) und von Kerstin Palm (Gender – eine unbekannte Kategorie in den Naturwissenschaften?).

Die paradigmatische Verschiebung von den Women's zu den Gender Studies hat in der Tat eine immense Erweiterung und Vertiefung der Geschlechterforschung zur Folge. Alle Aspekte gesellschaftlich-kultureller Möglichkeiten der Organisation und Konstruktion von Geschlecht und Geschlechterdifferenz werden heute in den unterschiedlichsten Fachrichtungen diskutiert. Die Kategorie Geschlecht ist als zentrales Herrschafts- und Organisationsprinzip von Gesellschaft, Kultur und Wissenschaft erkannt und anerkannt. Im Fokus der Gender Studies stehen nun nicht nur beide Geschlechter, sondern ebenso selbstverständlich die Intersektionalität von Rasse, Ethnizität, Klasse, sexueller und religiöser Orientierung und Alter in der Ausformung einer differenzierten Gender-Identität. Gender Studies tragen so zum kritischen Verständnis einer sich wandelnden und öffnenden Gesellschaft wesentlich bei.

International haben sich die Gender Studies als eigenständige Wissenschaft mit vielfältigen länder- und fachspezifischen Theorietraditionen etabliert. Was sie dabei von anderen Wissenschaftszweigen unterscheidet, ist ihre Querschnittsfunktion. Wie die African-American/Black Studies wenden sich die Gender Studies Themenkreisen zu, die sich aus der Perspektive unterschiedlicher Fachdisziplinen untersuchen lassen. Ein Blick auf das Studienangebot am »Zentrum Gender Studies« der Universität Basel verdeutlicht dies exemplarisch. Angeboten werden fünf Themenfelder, die ausdrücklich nicht disziplinär ausgerichtet sind: 1) Subjekt, Körper und Identität, 2) Herrschaft und Normativität, 3) Lebensverhältnisse, Umwelt und Ökonomie, 4) Kultur und symbolische Ordnung, 5) Wissensformen und Wissenschaft.

So konzipiert gehören die Gender Studies zu jenem Wissenstyp 2, den Helga Nowotny in ihrem Buch *Es ist so. Es könnte auch anders sein* als zukunftsweisend propagiert[3]: Der Wissenstyp 2 ist strikt auf Inter- und Transdisziplinarität ausgerichtet, die sich kontextuell ergibt. Die Form des Wissenstyps bezieht sich primär auf nicht-hierarchische Organisationsmuster. Die Beteiligten stammen aus vielen verschiedenen Bereichen, und der institutionelle Rahmen ist nicht auf den universitären Kontext beschränkt. Hieraus ergibt sich die Chance zu einer größeren Übernahme gesellschaftlicher Verantwortung. Damit verschieben sich aber auch die Kriterien zur Beurteilung von Qualität und Relevanz von Wissenschaft und wissenschaftlicher Arbeit. Es kommt zu einer stärkeren Integration von Wissenschaft in die Gesellschaft, der Prozess der Wissensproduktion wird offener und reflexiver. Zentral für Helga Nowotnys Typ 2 ist die kontinuierliche, aber temporäre Figuration, Konfiguration und Rekonfiguration von Wissen im Rahmen diverser Anwendungskontexte. Nowotnys Kritik am Mythos wissenschaftlicher Objektivität, ihre Einsicht in die Situiertheit allen Wissens sowie die Suche nach neuen Bewertungs- und Qualitätsstandards sind freilich längst grundlegende Charakteristika der Gender Studies.

Gender Mainstreaming und Managing Diversity

Gleichstellung per Design

Die zunehmende Theoretisierung der Gender Studies lässt leicht übersehen, dass mehr als 200 Jahre lang gesellschaftskritische und gleichstellungspolitische Perspektiven die Emanzipationsbestrebungen um *sex/gender* leitbildhaft begleitet haben. Diese Vorgeschichte heutiger Debatten wieder zu beleuchten ist ein erklärtes Anliegen der vorliegenden Einführung, denn die politischen Forderungen wie Stimm- und Wahlrecht, Erb- und Besitzrechte, weibliche Selbstbestimmung über Körper und Reproduktion, gleicher Lohn für gleiche Arbeit, angemessene Vertretung von Frauen in Politik, Kultur, Wirtschaft und Wissenschaft sind, je nach Kulturkreis, keineswegs überholt, und ihre Umsetzung ist nicht für alle Zeiten garantiert, obschon sie von den Institutionen gleichsam anverwandelt werden. Anstelle expliziter Gleichstellungspolitik und entsprechender Forderungen nach gleichen Rechten tritt heute das Gender Mainstreaming als zentrale, globale politische Strategie auf. 1995 in Peking formuliert, ist das »Gender Mainstreaming für Organisationen und Programme konzipiert und schreibt eine systematische Genderanalyse als Querschnittsaufgabe in allen politischen, ökonomischen und sozialen Bereichen und in allen Projektphasen vor. [...] Mit dieser Strategie kann der Mythos der Geschlechtsneutralität von Maßnahmen, Programmen oder Strukturen gesprengt werden.«[1] Gender Mainstreaming ist stets explizit mit Frauenförderung verknüpft. Allerdings wird, so Heike Jansen, der angestrebte Wandel nur sehr begrenzt erreicht (Stichwort: globale Umsetzungslücke).[2] Einerseits läuft das Geschlecht immer mit und wird laufend integriert, andererseits droht mit Gender Mainstreaming auch eine akute Gefahr der Verwässerung und Vereinnahmung genderspezifischer Interessen. Das Gender-Mainstreaming-Konzept hat zwar, wie Stella Jegher darlegt, eine neue Dynamik in die Debatte um die institutionelle Gleichstellungspolitik gebracht, doch gleichzeitig auch Gelegenheit geboten, die Feminismusdebatte definitiv als Anachronismus abzustempeln.

Diversity/Diversität meint kulturelle, ethnische und genderpolitische Vielfalt, Verschiedenartigkeit und Einbeziehung. Der Terminus bezeichnet aktuelle Bestrebungen, sich von Identitätspolitik und -denken zu entfernen. Wird nicht mehr in Kategorien von Identitäten gedacht, sondern auf einer stufenlosen Skala, können stereotypisierende Effekte, wie zum Beispiel die Homogenisierung von Gruppen, die Konstruktion von Identitäten, verhindert werden. Geschlecht ist dabei ein Faktor menschlicher Diversität unter anderen (wie Religion, Ethnizität, Alter, Bildung), der gesellschaftliche Prozesse und Strukturen beeinflusst. Managing Diversity kann als eine Form des Gender Mainstreaming betrachtet werden, denn es ist an sich kein Programm, keine Initiative. Es bezieht sich auf Unternehmen; und zwar geht es darum, die Unterschiedlichkeit der Mitarbeiterinnen und Mitarbeiter als Chance für diese selbst und die Firma zu verstehen. Der Diversity Manager soll diesen ganzheitlichen Ansatz realisieren. Zunehmend ersetzt das Diversity Management dabei die Arbeit staatlicher Gleichstellungsbüros. Gleichstellungsprozesse entziehen sich auf diese Weise einer neutralen Aufsicht und werden in die Betriebe verlegt. So vielversprechend die Idee einer unmittelbar implementierten Chancengleichheits- und Nicht-Diskriminierungspolitik scheint, so wenig zahlt sich diese konkret aus.

Stella Jegher deutet diese Entwicklung nicht nur als Krise des Feminismus, sondern auch als Siegeszug einer neoliberalen Politik: »Gegenüber den herrschenden Ideologien, welche Ungleichheiten als gegeben propagieren und diese Ungleichheiten nunmehr möglichst kostengünstig verwalten wollen, haben sozialemanzipatorische Denk- und Handlungsoptionen an politischem Gewicht verloren. Politik wird heute zunehmend durch Projektmanagement ersetzt; es geht nicht mehr darum, unterschiedliche Interessen auszuhandeln, sondern darum, Unterschiede professionell und nach den Regeln der Kunst zu managen.«[3]

Gender Mainstreaming und Diversity Management sind, wie Renate Hof ausführt, als Handlungsstrategien von europäischen Politikern weitgehend anerkannt, so sehr, dass in den Sozialwissenschaften gar von einer »Dethematisierung von Geschlecht« die Rede sei, von einer »Geschlechtsrollen-Nivellierung« oder einem »Genus-Verlust«.[4]

Iris Bohnet, Verhaltensökonomin an der Kennedy School of Government in Harvard, vertritt eine dezidiert andere Position, denn Diversity Training hat sich als zwecklos erwiesen. In *What Works: Gender Equality by Design* (2016) begegnet sie den in unterschiedlichen Kulturkreisen unbewusst tief verwurzelten Gender-Vorurteilen stattdessen mit wissenschaftlichen Versuchsanlagen (»design suggestions«). 36 empirisch fundierte Fallstudien zeigen auf, wie stereotype Vorurteile wirksam aufgebrochen und Chancengleichheit durch entsprechende Designs erreicht werden kann. Ein klassischer Fall ist das Probespiel von Musikerinnen und Musikern hinter einem Vorhang, der auch deren Schuhe abdeckt. Diese einfache Maßnahme erhöht die Anzahl eingestellter Musikerinnen um ein Drittel. Anonymisierte Bewerbungsdossiers erlauben eine vorurteilsfreie Wahl, denn dieselben Unterlagen, einmal mit »Heidi«, dann mit »Howard« bezeichnet, brachten für »Heidi« eklatant schlechtere, für »Howard« eklatant bessere Beurteilungen.

Iris Bohnet beweist, wie »behavioral design« ein effektvolles praktisches Instrument zur Erhöhung von Chancengleichheit darstellt, sei es in Bildung, Wirtschaft, Politik oder Gleichstellung.

Gender unter postsozialen Bedingungen

Fraser

Das Stichwort »Neoliberalismus« führt am Schluss dieser Überblicksstudie nicht nur zur amerikanischen Gender-Theoretikerin und Philosophin Nancy Fraser, es führt auch zum politisch motivierten Ausgangspunkt der weiblichen Emanzipationsbewegung im späten 18. Jahrhundert zurück.

Nancy Fraser arbeitet an einer Gesellschaftstheorie, mit der sich die heutige »postsozialistische« Situation analysieren lässt. Drei Elemente prägen, so Herta Nagl-Docekal, diese Situation: »das Fehlen einer fortschrittlichen Vision, ein Wechsel in der Grammatik – an die Stelle des ökonomisch definierten Begriffs Klasse sind kulturorientierte Konzeptionen wie Gruppe und Identitäten getreten – und ein wiedererstarkender Wirtschaftsliberalismus«[1].

In *Justice Interruptus* (1997; dt. *Die halbierte Gerechtigkeit*) beklagt Nancy Fraser außerdem eine internationale Theoriedebatte, die weiterhin mit antithetischen Zuspitzungen operiere. Gegeneinander ausgespielt würden einmal mehr Sozial- und Kulturpolitik, Gleichheit und Differenz, Klassenpolitik und Identitätspolitik, Umverteilung und Anerkennung. Derartige Polarisierungen belasteten auch die feministische und genderpolitische Debatte.

»Viele Akteure scheinen von einem sozialistisch geprägten Repertoire politischer Vorstellungen, in dem das Hauptproblem der Gerechtigkeit die Umverteilung ist, abzurücken und nähern sich einem ›postsozialistisch‹ geprägten Repertoire politischer Vorstellungen, in dem das Hauptproblem der Gerechtigkeit die Anerkennung ist.«[2] Während im Sozialismus für soziale und politische Gerechtigkeit gekämpft wurde, versuchten nun, beklagt Fraser, kulturell definierte »Gruppen« oder »Wertegemeinschaften« ihre Identitäten zu verteidigen, der

»kulturellen Dominanz« ein Ende zu bereiten und Anerkennung zu erlangen. Dieser postsozialen Ideologie, die in ihrer Forderung nach Anerkennung diejenige der Umverteilung vernachlässige oder gar aufgebe, fehle es an utopischen Energien. Fraser sieht den Grund dieses – von ihr kritisierten – paradigmatischen Wechsels im Fehlen eines glaubwürdigen emanzipatorischen Projekts. Wer im Namen der Dekonstruktion, der Postmoderne oder eines Reformismus argumentiere, gehe der Sache nicht kritisch auf den Grund, sondern drücke den Sachverhalt nur symptomatisch aus.[3]

Symptomatisch ist in diesem Sinn auch das Gender Mainstreaming als politische Strategie. Nancy Fraser fordert dagegen einen kritischen Ansatz, der »zweiwertig« sein müsse, das Soziale und das Kulturelle, das Ökonomische wie das Diskursive integrieren könne. Sie schlägt vor, »eine kritische Theorie der Anerkennung auszuarbeiten, die jene Formen der Identitätspolitik genau bestimmt und auch nur jene Formen unterstützt, die sich mit einer Politik für soziale Gleichheit kohärent verbinden lassen«[4]. Dazu gehört für Fraser beispielsweise die Gleichstellung ehrenamtlicher sozialer Betreuungsarbeit mit bezahlter Arbeit, eine Forderung, die heute unter anderem im Rahmen des Work-Life-Balance-Modells beider Geschlechter wieder diskutiert wird.

Resümee und Ausblick

Als Einstieg zum Thema *gender* / Gender Studies diente uns der biblische Schöpfungsbericht. Wir fragten, warum die Variante, der zufolge die Frau aus der Rippe des Mannes entstand, den Bericht über die gleichzeitige und ebenbürtige Schaffung von Mann und Frau nach dem Bilde Gottes praktisch aus der Wahrnehmung verdrängt hat. Dieser Priorisierung liegt in der Tat eine geschlechterstereotype Dimension zugrunde. Über Jahrhunderte wird die Frau nicht als dem Mann gleichberechtigte menschliche Persönlichkeit wahrgenommen. Ihre Inferiorität wird über manifeste Hierarchisierungen wie latente Ausschlussmechanismen zementiert, bis im Zuge der Aufklärung und der Französischen Revolution Ende des 18. Jahrhunderts eine Emanzipationsbewegung einsetzt, die bis heute anhält und der Frau wichtige wirtschaftliche, politische, kulturelle und soziale Fortschritte gebracht hat. Diese enorme Entwicklung, die die vorliegende Einführung aus der Perspektive der angloamerikanischen Literatur- und Kulturwissenschaft kritisch zu synthetisieren sucht, wird in der nachfolgenden Zeittafel und in der Übersicht über die Schlüsselbegriffe noch einmal zusammengefasst. Deshalb steht hier der Ausblick im Zentrum.

Die Geschlechterforschung oder Genus-Forschung, die aus der Frauenforschung der sechziger, siebziger und achtziger Jahre des 20. Jahrhunderts hervorgegangen ist, hat mittlerweile weite Bereiche der Kulturwissenschaften wie auch der Lebenswissenschaften erfasst. Generell fragen die Gender Studies nach dem Einfluss des Geschlechterkonzepts auf die Produktion von Diskursen in Literatur und Ästhetik, Philosophie, Geschichte, Psychoanalyse, aber auch Medizin, Recht, Theologie und Life Sciences und umgekehrt nach dem Einfluss der genannten Disziplinen auf unsere Vorstellungen darüber, was das weibliche oder männliche Geschlecht und ihre Relation eigentlich ausmacht.

Was Simone de Beauvoir mit ihrem Werk *Das andere Geschlecht* 1949 eingeläutet hat, nämlich den Konstruktionscharakter der sozialen Kategorie Geschlecht offenzulegen, vollendet nach 1990 Judith Butler mit *Gender Trouble*: die Auflösung der biologischen Kategorie Geschlecht. Obwohl sich die einzelnen Richtungen heftig und ausdauernd streiten, sind sie sich einig, dass das Geschlecht keine natürlich-ontologische Kategorie ist, sondern eine Konstruktion. Als Konstruktion gelten dabei nicht nur die soziokulturellen, politischen und ökonomischen Attribute des Geschlechts (*gender*), sondern auch das, was bislang als biologisches Substrat, als Körpergeschlecht (*sex*) angesehen wurde. Mit der Institutionalisierung der Gender Studies verliert die Frauenbewegung zwar an politischer Stoßkraft, gewinnt aber an »kulturkritischer Reflexionsbreite und Theoriebildung«[1]. Dennoch halten sich zählebige stereotype Wertvorstellungen; die Rede von Geschlecht als Instanz ist heute keineswegs verschwunden, im Gegenteil: Geschlecht generiert immer neue Aspekte und taucht in verschiedensten Verkleidungen immer dort auf, wo wir es nicht vermuten. Das zu wissen ist insofern wichtig, als heute, im 21. Jahrhundert, die junge Generation Genderfragen häufig als längst »erledigt« und »uninteressant« abhakt. Andererseits herrschte gerade in den USA unter Präsident George W. Bush (2001–2009) ein »Zwei-Kulturen-Kampf«: Zum einen gab es eine »Familienkultur« mit ihren traditionellen Normen, Werten und hierarchischen Geschlechterverhältnissen, zum anderen eine Art »queer culture«, welche die zweigeschlechtliche soziale Ordnung relativiert. Der methodischen Zerstreuung von Gewissheiten und Überzeugungen (Dekonstruktion) stellt sich die vermehrte (Sinn-)Suche nach wahren Werten, Sicherheiten und einer Bejahung allen, auch ungeborenen Lebens entgegen (Rekonstruktion). Dieser Kulturkampf prägt nicht nur die USA, sondern ist weltweit zu beobachten.[2] Insofern entsteht globaler Handlungs- und Theoriebedarf für die Gender Studies. Transkulturelle Genderforschung ist gefragt. Ute Freverts Behauptung, die Geschichte der Gender Studies in der zweiten Hälfte des 20. Jahrhunderts stelle sich als Entwicklung vom essenzialistischen, universalistischen, differenzvergessenen Feminismus der siebziger Jahre hin zum dekonstruktivistischen, kontextsensiblen, differenzversessenen (Post-)Feminismus der Jahrtausendwende (Entpolitisierung, Akademisierung, verlorene Radikalität) dar, muss mit dem Hinweis auf diesen Teilrückschritt zu Beginn des 21. Jahrhunderts ergänzt werden.[3]

Die Karriere des Begriffs »Geschlecht« ist, wie bereits dargelegt, zyklisch: Von der Entbiologisierung des Geschlechts im 18. Jahrhundert kommt es zur Rebiologisierung im 19. Jahrhundert, dann zur Entbiologisierung zwischen 1950 und 2000 und schließlich erneut zur Rebiologisierung nach der Jahrtausendwende. Ganz zweifellos sind derzeit die Lebenswissenschaften (Life Sciences) zu Leitwissenschaften avanciert.[4] Doch nicht alles, was genetisch machbar ist, ist ethisch auch wünschbar und vertretbar. Umso nötiger erscheint es, die Lebenswissenschaften in einen ständigen Prozess der Selbstreflexion einzubinden. Auch hier ist, im Sinne von Helga Nowotnys Modus 2, die kontinuierliche, aber dennoch temporäre Figuration, Konfiguration und Rekonfiguration von Wissen im Rahmen diverser Anwendungskontexte gefragt. Somit liegen die Handlungsbereiche der Gender Studies einerseits im Forschungsfeld »Kulturkampf«, andererseits in der Auseinandersetzung mit den »Lebens-Wissenschaften«. Konkret zeigt sich dieser Kampf u. a. in umstrittenen Konzepten, Politiken und Praxen der Familie, wie eine Tagung (SGGF 2014) aufgezeigt hat. Über Familie, so das Programm, wird derzeit intensiv und kontrovers diskutiert: in den Medien, der Politik, der Wissenschaft und im Alltag. Mal geht es um Familie als normatives Ideal und »notwendige Keimzelle« der Gesellschaft, mal um sie als eine Lebensform, die sich zurzeit im Wandel befindet: Reproduktionstechnologien und neue Familienformen jenseits der bekannten Kernfamilie stehen zur Wahl. Einerseits wird dies als bedrohliche Krise der Familie angesehen, die es unbedingt zu verhindern gilt, andererseits entstehen Möglichkeiten neuer familialer Arrangements, die bislang nicht lebbar oder zu leben erlaubt waren. Mit und um das Thema Familie werden aktuell zahlreiche gesellschaftliche Probleme verhandelt, die »femininities«, »masculinities« sowie »gender und queer studies« mit medizinischen, sozialen, politischen, juristischen und ökonomischen Fragestellungen verknüpfen. Die Emotionalisierung der Debatte macht zudem deutlich, dass wir es mit einem ambivalenten Thema zu tun haben: Familie wird sowohl als ein Ort der Geborgenheit, der Intimität und der gegenseitigen Zuwendung und Fürsorge erfahren wie auch als ein Ort des Missbrauchs, der Gewalt und Vernachlässigung problematisiert.

Es gilt – immer wieder – zu fragen: Was genau passiert in den derzeitigen Entwicklungen? Welche historischen Kontinuitäten und welcher Wandel, welche Brüche offenbaren sich? Weshalb bündelt sich, neben Fragen um Gleichstellung und Diversität im Arbeitsleben, neben geschlechtsspezifischen Fragestellungen gegenwärtig so viel an gesellschaftlicher Auseinandersetzung um die Familie, und weshalb ist sie so umstritten? Und nicht zuletzt: um welche gesellschaftlichen Optionen und Interventionen kann es aus kritischer und geschlechtertheoretischer Sicht in zunehmend plurikulturellen Gesellschaften gehen?

Elham Manea postuliert in *Women and Shari'a Law. The Impact of Legal Pluralism in the UK* (2016) eine unübliche, politisch »inkorrekte«, aber als essenziell notwendig erachtete

Priorisierung der von der UNO verabschiedeten Menschenrechte. Systematisch untersucht sie die Rechtsprechung an britischen Scharia-Schiedsgerichten und plädiert u. a. gegen Kinderehen, Zwangsheirat und Polygamie, denn sie verstießen gegen das UK-Recht und die Universalität der Menschenrechte. Ein Plädoyer der Muslima Manea für einen modernen Islam findet sich bereits in *Ich will nicht mehr schweigen. Der Islam, der Westen und die Menschenrechte* (2009). Sie sucht nach neuen Lösungen und kritisiert falsche Toleranz, respektive Indifferenz. Doch Gleichberechtigung und Gerechtigkeit gehören zu Frauen und Männern der humanistischen Moderne wie religiöse Spiritualität und Praktiken, und eine wahre Chancengleichheit beider Geschlechter kann erst dann entstehen, wenn die heiligen Texte aller Religionsgemeinschaften einer historisch-kritischen Betrachtung unterzogen werden. Einen Glauben an Gott und eine Spiritualität kann es nur geben, wenn sie auf einem freiwilligen Entscheid beruhen, auf einer Wahl, auf einer Erkenntnis, so Manea. In diesen räumlich und zeitlich erweiterten Einfluss- und Machtbereichen müssen die Gender Studies weiterhin wachsam bleiben und noch wirksamer werden.

Anmerkungen

Gender Studies und die Schöpfungsgeschichte: Stammt Eva aus Adams Rippe, oder schuf Gott Mann und Frau nach seinem Ebenbild?

1 Der erste und zweite Schöpfungsbericht wurden lange unterschiedlich datiert, wobei der zweite Text als der ältere galt. Allerdings ist heute die These verschiedener Entstehungsalter praktisch aufgegeben. Ausschlaggebend für die Rezeption sind die Fassungen der *Septuaginta* und der *Vulgata*. (Die Ausführungen zu Datierung und Auslegung der Schöpfungsberichte verdanke ich Silke-Petra Bergjan, Universität Zürich.)

2 Derartige Hypothesen finden sich auch in der Populärliteratur, etwa in Dan Browns Bestseller *Da Vinci Code* (2004).

3 Jan MacLean, in: Hadumod Bußmann / Renate Hof (Hrsg.), *Genus – Zur Geschlechterdifferenz in den Kulturwissenschaften*, Stuttgart/Weimar 1995, S. 169.

4 Friederike Kuster, »Die Erfindung des bürgerlichen Geschlechterverhältnisses«, in: Sabine Doyé / Marion Heinz / Friederike Kuster (Hrsg.), *Philosophische Geschlechtertheorien. Ausgewählte Texte von der Antike bis zur Gegenwart*, Stuttgart 2002, S. 158.

5 Immanuel Kant, zit. nach: Doyé/Heinz/Kuster, *Philosophische Geschlechtertheorien*, S. 208.

6 Vgl. dazu Natalie Zemon Davis / Arlette Farge (Hrsg.), *A History of Women in the West*, Bd. 3: Renaissance and Enlightenment Paradoxes, Cambridge/London 1994, S. 315–347.

7 Zur »Polarisierung der Geschlechtscharaktere seit dem 18. Jahrhundert« vgl. Ina Schabert, »*Gender* als Kategorie einer neuen Literaturgeschichtsschreibung«, in: Bußmann/Hof (Hrsg.), *Genus*, S. 172 f.; die multifaktoriell bedingte weibliche Sonderanthropologie im ausgehenden 18. Jahrhundert diskutiert z. B. Claudia Honegger, *Die Ordnung der Geschlechter*, Frankfurt a. M. 1991, S. 46 ff.

8 Christina von Braun / Inge Stephan, *Gender Studien. Eine Einführung*, Stuttgart/Weimar 2000, S. 16–57.

9 »Der amerikanische Feminismus der 1980er und 1990er Jahre ist oh-

ne seine literarische Dimension nicht denkbar. Zahlreiche Theoretikerinnen sind zugleich Schriftstellerinnen; die amerikanische Literatur, die sich mittlerweile im literarischen Kanon etabliert hat, gibt der Bewegung Impulse: Sie erzählt die Geschichte(n) der Unterdrückten, zum Schweigen Gebrachten […].« (Kathrin Berndt, »Afrikanisch-amerikanischer Feminismus«, in: Renate Kroll (Hrsg.), *Metzler Lexikon: Gender Studies – Geschlechterforschung*, Stuttgart 2002, S. 3) – Auch die feministische Kritik an der traditionellen Geschichtsschreibung hat in den USA schon früh eingesetzt.

10 Von Mary Wollstonecraft, Charlotte Perkins Gilman, Gertrude Stein, Virginia Woolf, Zora Neale Hurston, Betty Friedan, Kate Millett, Carolyn Heilbrun, Adrienne Rich, Judith Fetterley, Patricia Meyer Spacks, Nina Baym, Toril Moi, Catharine Stimpson, Audre Lorde, bell hooks, Hazel Carby, Elaine Showalter, Sandra Gilbert, Susan Gubar, Shoshana Felman, Barbara Johnson, Alice Walker, Toni Morrison, Hortense Spillers, Diana Fuss, Eve Kosovsky Sedgwick, Teresa de Lauretis, Laura Mulvey, Drucilla Cornell, Donna Haraway, Gayatri Chakravorty Spivak bis zu Judith Butler und Elisabeth Bronfen.

11 Silke Beinssen-Hesse und Kate Rigby, zit. in: Regina Becker-Schmidt / Gudrun-Axeli Knapp, *Achsen der Differenz. Strukturen der Ungleichheit*, Münster 2003, S. 9. »Die feministische Diskussion hierzulande wurde in jüngerer Zeit, ähnlich wie in den skandinavischen Ländern, stärker durch angloamerikanische Debatten beeinflusst. Dennoch fällt ausländischen Beobachterinnen ein Charakteristikum auf, das deutschsprachige Theoriebildung von anderen zu unterscheiden scheint: die ausgeprägte sozialhistorische Ausrichtung« – so Silke Beinssen-Hesse und Kate Rigby in: *Out of the Shadows. Contemporary German Feminism*, Melbourne 1996, S. 12.

Der Begriff *gender* / Gender Studies

1 Vgl. United Nations Commission on the Status of Women, Report of the United Nations Conference on Human Settlements (Habitat II), Istanbul, 3.–14. 6. 1996, Annex V: Statement on the Commonly Understood Meaning of the Term »Gender«.

2 Vgl. Jutta Osinski, *Einführung in die Feministische Literaturwissenschaft*, Berlin 1998, S. 135.

3 Vgl. Natalie Zemon Davis, »Women's History in Transition: The European Case«, in: *Feminist Studies* 3, H 3/4 (1976), S. 90.

4 Vgl. Andrea Maihofer, »Von der Frauen- zur Geschlechterforschung«, in: *Widerspruch* 44 (2003), S. 135–146, bes. S. 142–144.

5 Maihofer, »Von der Frauen- zur Geschlechterforschung«, S. 142.

6 Judith Butler unterscheidet in *Gender Trouble* (1990) nicht weniger als fünf Geschlechter.

7 Zum semantischen Gehalt von »Geschlecht« vgl. Ute Frevert, *Mann und Weib, und Weib und Mann. Geschlechter-Differenzen in der Moderne*, München 1995, S. 51 f.: »Der Begriff ›Geschlecht‹, im frühen 18. Jahrhundert noch vorrangig oder gar ausschließlich im genealogischen Sinn [...] gebraucht, setzt sich allmählich flächendeckend als biologische Klassifikation durch. Er dient nicht mehr in erster Linie dazu, Abstammungsgemeinschaften zu definieren, sondern Differenzen zwischen Männlichem und Weiblichem zu beschreiben.«

8 Vgl. dazu Inge Stephan, »Gender, Geschlecht und Theorie: Was ist *gender*? – Die amerikanischen Debatten«, in: von Braun / Stephan (Hrsg.): *Gender Studien*, S. 58–63.

9 Vgl. Regina Becker-Schmidt / Gudrun-Axeli Knapp, *Feministische Theorien zur Einführung*, Hamburg 2003, S. 9 f.

10 Joan W. Scott, »Gender. A Useful Category of Historical Analysis«, in: The American Historical Review 91 (1986), H. 5, S. 1053–1075; online verfügbar unter: https://www.jstor.org/stable/1864376.

11 Gudrun-Axeli Knapp, in: Becker-Schmidt / Knapp, *Feministische Theorien zur Einführung*, S. 83.

12 Vgl. dazu Gabriele Jähnert, »Institutionen. Einrichtungen zur Frauen- und Geschlechterforschung in der Bundesrepublik Deutschland«, in: von Braun / Stephan (Hrsg.), *Gender Studien*, S. 347–374,

sowie Hannelore Faulstich-Wieland, *Einführung in Genderstudien*, Opladen 2003, S. 178 ff.

13 Wegleitung Gender Studies, Zentrum Gender Studies, Universität Basel, 2005. Vgl. ebenfalls: Christa Binswanger / Brigitte Schnegg, »Kanon – no Kanon: Historische und literaturwissenschaftliche Überlegungen zur Traditionsbildung in den Gender Studies«, in: Zentrum für transdisziplinäre Geschlechterstudien an der Humboldt-Universität zu Berlin (Hrsg.): *Geschlechterstudien im deutschsprachigen Raum. Studiengänge, Erfahrungen, Herausforderungen. Dokumentation der gleichnamigen Tagung vom 4.–5. Juli 2003*, Berlin 2004, S. 77–79; Gabriele Jähnert, »Der Status quo der Gender Studies im deutschsprachigen Raum«, in: ebd., S. 10–18; Sigrid Metz-Göckel / Christine Rohloff, »Genderkompetenz als Schlüsselqualifikation«, in: *Journal Hochschuldidaktik* (2002), 13. Jg., H. 1, S. 4–8.

14 Elizabeth Spelman, *Inessential Women. Problems of Exclusion in Feminist Thought*, Boston 1988, S. 114 ff.

15 Regine Gildemeister, »Doing Gender: Soziale Praktiken der Geschlechterunterscheidung«, in: Ruth Becker / Beate Kortendiek (Hrsg.), *Handbuch Frauen- und Geschlechterforschung. Theorie, Methoden, Empirie*, Wiesbaden 2004, S. 132.

16 Judith Lorber ist die Publikation des von Candace West und Don Zimmerman bereits 1977 verfassten und wiederholt abgelehnten Artikels »Doing Gender« zu verdanken. Vgl. Sarah Fenstermaker / Candace West (Hrsg.), *Doing Gender, Doing Difference: Inequality, Power, and Institutional Change*, New York 2002, S. 13 f.

17 Ähnliche Ansichten einer Geschlechterentgrenzung finden sich bei: Donna Haraway, *Simians, Cyborgs, and Women: The Reinvention of Nature*, New York 1991, S. 150.

18 Julika Funk, »Butler, Judith«, in: Kroll (Hrsg.), *Metzler Lexikon: Gender Studies*, S. 45.

19 Judith Butler, *Bodies That Matter. On the Discursive Limits of Sex*, New York 1993, S. 234.

20 Vgl. auch Fenstermaker/West, *Doing Gender, Doing Difference*, S. 192.

21 Judith Butler, *Undoing Gender*, New York / London 2004, S. 1.

22 Ebd.

23 Frevert, *Mann und Weib, und Weib und Mann*, S. 52.

24 Vgl. dazu von Braun / Stephan (Hrsg.), *Gender Studien*, S. 16.

Zur Geschichte und Entwicklung der Women's und Gender Studies

1 Vgl. Frevert, *Mann und Weib, und Weib und Mann*, S. 59.

2 Claudia Honegger, *Die Ordnung der Geschlechter*, Frankfurt a. M. 1991, S. 99.

3 Elisabeth Cady Stanton / Susan B. Anthony / Matilda Joslyn Gage (Hrsg.), *History of Women's Suffrage*, New York 1970, Bd. 1, S. 70.

4 Deborah L. Madsen, *Feminist Theory and Literary Practice*, London 2000, S. 4–6.

5 Vgl. Alan M. Dershowitz, *America on Trial. Inside the Legal Battles That Transformed Our Nation*, New York 2004, S. 174–177.

6 Vgl. Jean Strouse, *Alice James. The Life of the Brilliant But Neglected Younger Sister of William and Henry James*, Boston 1980, S. 97–116, 214–230.

7 Vgl. Julia Briggs, *Virginia Woolf. An Inner Life*, London 2005.

8 Vgl. Harriet Taylor Mill / John Stuart Mill, »Early Essays on Marriage and Divorce«, in: Alice Rossi (Hrsg.), *Essays on Sex Equality*, Chicago 1974.

9 Vgl. Elisabeth Kuppler, »Weiblichkeitsmythen zwischen *gender, race* und *class: True Womanhood* im Spiegel der Geschichtsschreibung«, in: Bußmann/Hof (Hrsg.), *Gender*, S. 263–287; Barbara Welter, »The Cult of True Womanhood«, in: *American Quarterly* 18 (1966), S. 151–174.

10 Virginia Woolf, *A Room of One's Own*, Oxford / New York 1998, S. 9.

11 Ebd., S. 5.

12 Anders als ihren Brüdern verwehrte ihr der Vater ein Hochschulstudium. Der Zugang selbst zu den Frauen-Colleges Newnham und Girton in Cambridge blieb Woolf versagt, ein Umstand, den sie lebenslang bedauerte.

13 Vgl. Mary Gordon, »Das Schicksal einer Frau von Genie«, in: *Neue Zürcher Zeitung* vom 23./24. 1. 1982, S. 66.

14 Virginia Woolf, *A Room of One's Own*, S. 135.

15 Vgl. Osinski, *Einführung in die Feministische Literaturwissenschaft*, S. 51.

16 Ebd.

17 Ebd.

18 Djuna Barnes, Radclyffe Hall, Vita Sackville West, Virginia Woolf oder Nella Larsen waren weitere wichtige Stimmen.

19 Henry Louis Gates, Jr., *The Trials of Phillis Wheatley: America's first Black poet and her encounters with the founding fathers*, New York 2003.

20 Osinski, *Einführung in die Feministische Literaturwissenschaft*, S. 32.

21 Vgl. ebd.

22 Patrick B. Miller / Therese Frey Steffen / Elisabeth Schäfer-Wünsche (Hrsg.), *The Civil Rights Movement Revisited. Critical Perspectives on the Struggle for Racial Equality in the United States*, Münster 2001, S. 83–137; 195–206.

23 Vgl. Osinski, *Einführung in die Feministische Literaturwissenschaft*, S. 45 f.

24 Vgl. auch Susan Koppelman Cornillon, *Images of Women in Fiction*, Bowling Green (Ohio) 1972.

25 Siehe dazu Sigrid Weigel, *Topographien der Geschlechter. Kulturgeschichtliche Studien zur Literatur*, Reinbek 1990, bes. S. 118–122.

26 Elaine Showalter, *Towards a Feminist Poetics*, New York 1979, S. 26.

27 Renate Hof, »Von Women's Studies zu Gender Studies«, in: Hubert Zapf (Hrsg.), *Amerikanische Literaturgeschichte*, Stuttgart/Weimar 1997, S. 503.

28 Ebd., S. 504.

29 Sandra Gilbert / Susan Gubar, *The Madwoman in the Attic: the Woman Writer and the Nineteenth-Century Literary Imagination*, New Haven 1979, S. 17.

30 Eine detaillierte Übersicht bietet Vincent B. Leitch, *American Literary Criticism from the 30s to the 80s*, New York 1989.

31 Adrienne Rich, *On Lies, Secrets, and Silence. Selected Prose 1966–1978*, New York 1979, S. 33–49.

32 Vgl. dazu Becker-Schmidt / Knapp, *Achsen der Differenz. Strukturen der Ungleichheit*, S. 12.

33 Analog zu, aber unabhängig von Alice Walkers Womanism entwickelte 1985/86 die Nigerianerin Chikwenye Ogunyemi ihr Konzept des Womanism, das sie später »African Womanism« nennt. Auch Mary Kolawole (Nigeria) greift 1979 den Begriff auf. Bewusst setzen sich afrikanische Theoretikerinnen vom westlichen Feminismus ab. Zu groß sind die kulturellen, gesellschaftlichen, politischen und wirtschaftlichen Differenzen.

34 Jane Gallop, *Around 1981. Academic Feminist Literary Theory*, New York / London 1992.

35 Annette Kolodny, »Dancing Through the Minefield. Some Observations on the Theory, Practice, and Politics of a Feminist Literary Criticism«, in: Elaine Showalter (Hrsg.), *The New Feminist Criticism. Essays on Women, Literature*, London 1986, S. 144–167.

36 Hélène Cixous / Catherine Clément, *The Newly Born Woman*, Manchester 1986, S. 63; Hélène Cixous, »The Laugh of the Medusa«, in: Elaine Marks / Isabelle de Courtivron (Hrsg.): *New French Feminisms*, Brighton 1980.

37 Luce Irigaray, »The Poverty of Psychoanalysis«, in: Margaret Whitford (Hrsg.): *The Irigaray Reader*, Oxford 1991.

38 Vgl. dazu Toril Moi (Hrsg.), *The Kristeva Reader*, Oxford 1986, S. 101; Madan Sarup, *An Introductory Guide to Post-Structuralism and Postmodernism*, New York / London 1993, S. 109–128.

39 Kroll (Hrsg.), *Metzler Lexikon: Gender Studies*, S. 216 f.

40 Vgl. Nancy C. M. Hartsock, »The Feminist Standpoint: Developing the Ground for a Specifically Feminist Historical Materialism«, in: Sandra Harding (Hrsg.), *Feminism and Methodology*, Bloomington 1987, S. 157–180.

41 Kroll (Hrsg.), *Metzler Lexikon: Gender Studies*, S. 135.

42 John Berger, *Ways of Seeing*, London 1972.

43 Vgl. dazu Dagmar von Hoff, »Performanz/Repräsentation«, in: Christina von Braun / Inge Stephan (Hrsg.), *Gender@Wissen*, Köln 2005, S. 162–179; Erika Fischer-Lichte [u. a.] (Hrsg.), *Performativität und Ereignis*, Tübingen 2003.

44 Italo Calvinos Allegorisierung von Geschlechtertopographien ist dabei wegleitend.

45 Michael Warner, *The Trouble With Normal: Sex, Politics and the Ethics of Queer Life*, Cambridge 2000.

46 Teresa de Lauretis, *Alice Doesn't: Feminism, Semiotics, Cinema*, Bloomington 1984, S. 8. Vgl. dazu Sigrid Schade / Monika Wagner / Sigrid Weigel (Hrsg.), *Allegorien und Geschlechterdifferenz*, Köln 1994.

47 Gabriele Brandstetter, »Staging Gender. Körperkonzepte in Kunst und Wissenschaft«, in: Franziska Frei-Gerlach / Annettte Kreis-Schinck / Claudia Opitz / Béatrice Ziegler (Hrsg.), *Körperkonzepte. Interdisziplinäre Studien zur Geschlechterforschung*, New York / München / Berlin 2003, S. 42.

48 W. J. T. Mitchell, »Representation«, in: Frank Lenttrichia / Frank McLaughlin (Hrsg.), *Critical Terms for Literary Studies*, Chicago 1990, S. 12.

49 Zu Haraways wichtigsten Schriften zählen *Primate Visions: Gender, Race and Nature in the World of Modern Science* (1990), gefolgt 1991 von *Simians, Cyborgs and Women: The Reinvention of Women*.

50 Haraway, *Simians, Cyborgs, and Women*, S. 154.

51 In der Regel wird mit »Dritter Welle« der Eintritt afroamerikanischer Differenz / Black Studies in die feministische Debatte bezeichnet. Dieser Band integriert und würdigt den afroamerikanischen Beitrag laufend und bezeichnet mit »Dritter Welle« den folgenreichen Auftritt Judith Butlers 1990 sowie den Wechsel von Women's zu Gender Studies.

52 Gayle Rubin, »The Traffic in Women: Notes on the Political Economy of Sex«, in: Rayna R. Reiter (Hrsg.), *Toward An Anthropology of Women*, New York 1975, S. 165.

53 Hof, »Von Women's Studies zu Gender Studies«, S. 496–519.

54 Teresa de Lauretis, *Technologies of Gender. Essays on Theory, Film and Fiction*, Bloomington 1987, S. 18.

55 Vgl. dazu Stephan, »Gender, Geschlecht und Theorie«, S. 59.

56 Vgl. Kroll (Hrsg.), *Metzler Lexikon: Gender Studies*, S. 172.

57 Osinski, *Einführung in die Feministische Literaturwissenschaft*, S. 136.

58 Vgl. Marie-Louise Angerer (Hrsg.), *The Body of Gender. Körper/Geschlechter/Identitäten*, Wien 1995, S. 64.

59 Vgl. Seyla Benhabib / Judith Butler / Drucilla Cornell / Nancy Fraser (Hrsg.), *Der Streit um Differenz. Feminismus und Postmoderne in der Gegenwart*, Frankfurt a. M. 1993.

60 Hof, »Von Women's Studies zu Gender Studies«, S. 518.

61 Vgl. Barbara Hey, »Die Entwicklung des gender-Konzepts vor dem Hintergrund poststrukturalistischen Denkens«, in: *L'Homme* 51 (1994), S. 14.

62 Butler, *Gender Trouble*, S. 139.

63 Vgl. Kroll, *Metzler Lexikon: Gender Studies*; Judith Butler, *Körper von Gewicht*, Frankfurt a. M. 1997; Michel Foucault, *Sexualität und Wahrheit*, Bd. 1, Frankfurt a. M. 2004.

64 Der Begriff »Queer« tauchte erstmals 1990 im Kontext der Konferenz für »Queer Theory« an der University of California, Santa Cruz, auf.

65 Vgl. Jonathan Dollimore, *Sexual Dissidence: Augustine to Wilde, Freud to Foucault*, Oxford 1991.

66 Vgl. Kerstin Ciba / Stephan Hense / Heike van Hoorn (Hrsg.), *Kultur, Geschlecht, Körper*, Münster 1999, S. 11.

67 Zur Problematik des Begriffs »postcolonial« vgl. Anne McClintock, »The Angel of Progress: Pitfalls of the Term Post-Colonialism«, in: *Social Text* 31/32 (1992).

Gender Studies und Masculinities Studies

1 Vgl. Alice Jardine / Paul Smith (Hrsg.), *Men in Feminism*, New York / London 1987, S. 55, 89.

2 So unterschiedliche Autoren wie Nathaniel Hawthorne, Herman Melville, Walt Whitman, Rudyard Kipling, Mark Twain, Henry James, Joseph Conrad, E. M. Forster, Ernest Hemingway, aber auch Richard Wright, Ralph Ellison, James Baldwin, Amiri Baraka, John Updike, Joseph Roth, Robert Bly, Don de Lillo oder David Lodge lassen sich mit einem kritischen Blick auf soziokulturelle und literarisch-fiktive Männermythen, Männlichkeitskon-

strukte und Männerbande überraschend neu und kontrovers lesen.

3 Willi Walter, »Gender, Geschlecht und Männerforschung«, in: von Braun / Stephan (Hrsg.), *Gender Studien*, S. 97–115.

4 Harry Brod (Hrsg.), *The Making of Masculinities: The New Men's Studies*, New York 1992, S. 40.

5 Vgl. Kenneth Clatterbaugh, *Contemporary Perspectives on Masculinity: Men, Women, and Politics in Modern Society*, Boulder ²1997.

6 Vgl. James Doyle, »Editorial. The New Men's Studies«, in: *Masculinities. The Journal of Men's Studies* 3 (1994).

7 Vgl. Jeff Hearn / David Morgan (Hrsg.), *Men, Masculinities, and Social Theory*, London 1990.

8 Robert W. Connell, *Der gemachte Mann. Konstruktion und Krise von Männlichkeit*, Opladen 1999, S. 92.

9 Vgl. ebd., S. 92 ff.; Walter, »Gender, Geschlecht und Männerforschung«, in: von Braun / Stephan (Hrsg.), *Gender Studien*, S. 97–115; Therese Frey Steffen (Hrsg.), *Masculinities – Maskulinitäten: Mythos – Realität – Repräsentation – Rollendruck*, Stuttgart 2002, S. 270–287.

10 Robert W. Connell, »Männer in der Welt. Männlichkeiten und Globalisierung«, in: *Widersprüche* 67 (1998) S. 94 ff.

11 Vgl. Walter, »Gender, Geschlecht und Männerforschung«, S. 97–115.

12 Femalismus ist gleichbedeutend mit Natalie Angiers und Mary Carlsons »liberation biology«, die den weiblichen Körper als dem männlichen überlegen darstellt. Vgl. dazu Natalie Angier, *Eine intime Geographie des weiblichen Körpers*, München 2000.

Gender als Wissens- und Analysekategorie

1 Vgl. Therese Frey Steffen / Caroline Rosenthal / Anke Väth (Hrsg.): *Gender Studies: Wissenschaftstheorien und Gesellschaftskritik*, Würzburg 2004, S. 9–17.

2 Rolf Löchel, »Zur bedeutsamen Rolle der Kategorie Geschlecht: Christina von Brauns und Inge Stephans *Handbuch der Gender-Theorien*«, in: literaturkritik.de/id/8164, 27. 7. 2005.

3 Helga Nowotny diskutierte diese These im Rahmen des Graduiertenkollegs »Wissensgesellschaft und Geschlechterbeziehungen« an der Universität Zürich am 15. Juni 2002 ausführlich.

Gender Mainstreaming und Managing Diversity

1 Zum Wortlaut der Gender-Mainstreaming-Definition der EU vgl. www.dijg.de/gender-mainstreaming/begriff-definition/.
2 Vgl. Heike Jansen, »Globalisierung«, in: von Braun / Stephan (Hrsg.), *Gender@Wissen*, S. 155. Vgl. auch Stella Jegher, »Gender Mainstreaming. Ein umstrittenes Konzept aus feministischer Perspektive«, in: *Widerspruch* 23 (2003), S. 5–18; Susanne Schunter-Kleemann, »Was ist neoliberal am Gender Mainstreaming?«, in: *Widerspruch* 23 (2003), S. 19–33; Natalie Imboden, »Mit Gender Mainstreaming gegen Malestream? Ein Praxistest am Arbeitsmarkt«, in: *Widerspruch* 23 (2003), S. 85–97.
3 Stella Jegher, »Gender Mainstreaming. Ein umstrittenes Konzept aus feministischer Perspektive«, in: *Widerspruch* 23 (2003), S. 5–18, hier S. 16 f.
4 Vgl. Bußmann/Hof (Hrsg.), *Genus*, S. 30.

Gender unter postsozialen Bedingungen

1 Herta Nagl-Docekal in: Kroll (Hrsg.), *Metzler Lexikon: Gender Studies*, S. 115.
2 Nancy Fraser, *Die halbierte Gerechtigkeit*, Frankfurt a. M. 2001, S. 11.
3 Vgl. ebd., S. 11–14.
4 Ebd., S. 17.

Resümee und Ausblick

1 Osinski, *Einführung in die Feministische Literaturwissenschaft*, S. 33.
2 Zum Beispiel auch in der katholischen Kirche, die sich gegen homoerotische Partnerschaften ausspricht.
3 Vgl. Frevert, *Mann und Weib, und Weib und Mann*, S. 13.
4 Die interdisziplinären Gender Studies gehen davon aus, dass die biologische Zweigeschlechtlichkeit und das soziale Geschlecht ineinander verwoben sind, dass ihre Verbindung und die Zuweisungen von Männlichkeit und Weiblichkeit jedoch nicht zwangsläufig, sondern vielfach bedingt sind.

Kommentierte Bibliografie

Handbücher/Lexika

Becker, Ruth / Beate Kortendiek (Hrsg.): Handbuch Frauen- und Geschlechterforschung. Theorie, Methoden, Empirie. Wiesbaden 2004. – *Fundierter Überblick über die Entwicklung und den aktuellen Stand der deutschsprachigen und internationalen Frauen- und Geschlechterforschung; eignet sich als Nachschlagewerk für Forschung und Lehre.*

Braun, Christina von / Inge Stephan (Hrsg.): Gender@Wissen. Ein Handbuch der Gender-Theorien. Köln/Weimar/Wien 2005. – *Grundlegendes Handbuch der zentralen Themenfelder des Wissens – wie Identität, Körper, Macht und Gewalt, Reproduktion oder Performanz; Standardwerk zu Themenfeldern, Abgrenzungen und Überschneidungen der Gender-Theorien.*

Bußmann, Hadumod / Renate Hof (Hrsg.): Genus. Geschlechterforschung / Gender Studies in den Kultur- und Sozialwissenschaften. Ein Handbuch. Stuttgart 2005. – *Erweiterte Neuauflage des Pionierwerks von 1995; behandelt gender in den Fachbereichen Ethnologie, Film-, Medien-, Geschichts-, Kunst-, Literatur- und Musikwissenschaft, Pädagogik, Philosophie, Politik- und Rechtswissenschaft, Soziologie, Sprach- und Theaterwissenschaft und Theologie.*

Code, Lorraine (Hrsg.): Encyclopedia of Feminist Theory. London / New York 2003. – *Umfassendes angloamerikanisches Handbuch mit Personen-, Sach- und Theoriebeiträgen.*

Kroll, Renate (Hrsg.): Metzler Lexikon: Gender Studies – Geschlechterforschung. Ansätze – Personen – Grundbegriffe. Stuttgart/Weimar 2002. – *Orientiert umfassend und detailliert über sämtliche Wissens- und Wissenschaftsbereiche, die durch die Gender Studies begründet, erweitert bzw. differenziert worden sind. Informiert unter anderem über Personen, historische Entwicklungen, Begriffe, Theorien und Terminologien in unterschiedlichen Fachrichtungen.*

Einführungen

Alsop, Rachel / Annette Fitzsimons / Kathleen Lennon: Theorizing Gender. Cambridge 2002. – *Gute Einführung aus angloamerikanischer Sicht.*

Becker-Schmidt, Regina / Gudrun-Axeli Knapp: Feministische Theorien zur Einführung. Hamburg 2003. – *Exzellente Einführung in feministische Theorien.*

Braun, Christina von / Inge Stephan (Hrsg.): Gender Studien. Eine Einführung. Stuttgart/Weimar 2000, 2. Aufl. 2006. – *Standardwerk zu ›gender‹, Geschlecht und Geschichte, Theorie beziehungsweise Männerforschung sowie zu Genderstudien in einzelnen Theorien.*

Connell, Robert W.: Gender. Cambridge 2002. – *Gender- und Maskulinitätstheorie von einem der führenden Forscher in Masculinities Studies.*

Doyé, Sabine / Marion Heinz / Friederike Kuster (Hrsg.): Philosophische Geschlechtertheorien. Ausgewählte Texte von der Antike bis zur Gegenwart. Stuttgart 2002. – *Hervorragende Einleitung aus philosophischer Sicht; Grundlagenwissen für alle Fachrichtungen.*

Faulstich-Wieland, Hannelore: Einführung in Genderstudien. Opladen 2003. – *Gute Einführung aus erziehungswissenschaftlicher Sicht.*

Frevert, Ute: Mann und Weib, und Weib und Mann. Geschlechter-Differenzen in der Moderne. München 1995. – *Der Aufsatz zur Geschichte der Begriffe bietet eine elegante und geistreiche Einführung aus historischer Sicht.*

Frey Steffen, Therese / Caroline Rosenthal / Anke Väth (Hrsg.): Gender Studies: Wissenschaftstheorien und Gesellschaftskritik. Würzburg 2004. – *Empfiehlt sich als Fortsetzung und Vertiefung des vorliegenden Bandes zu den Bereichen Karrieren des Geschlechts, Geschlecht als theoriebildende Kategorie, Forschungsperspektiven Geschlecht und Geschlecht als gesellschaftsverändernde Kraft.*

Goffmann, Erving: Interaktion und Geschlecht. Frankfurt a. M. 1994. – *Ein Klassiker der soziologischen Geschlechterforschung.*

Hess, Sabine / Nikola Langreiter / Elisabeth Tim (Hrsg.): Intersektionalität revisited. Empirische, theoretische und methodische Erkundungen. Bielefeld 2011. – *Guter Überblick zur Genealogie des Begriffs und zu Theoretisierungen und Anwendungsmöglichkeiten von Intersektionalität.*

Kimmel, Michael S.: Manhood in America. A cultural history. New York / Oxford 2012. – *Populärwissenschaftliche Einführung in die US-amerikanische Kulturgeschichte der Maskulinitäten.*

Lorber, Judith: Paradoxes of Gender. New Haven 1994; dt.: Gender-Paradoxien. In: Geschlecht und Gesellschaft. Bd. 15. Opladen 1999. – *Wichtiger Beitrag zu Genderbestimmungen aus soziologischer Perspektive.*

Osinski, Jutta: Einführung in die feministische Literaturwissenschaft. Berlin 1998. – *Empfehlenswerte Einführung aus literaturwissenschaftlicher Sicht.*

Monografien/Sammelbände

Alsop, Rachel /Annette Fitzsimons / Kathleen Lennon: Theorizing Gender. Cambridge 2003.

Angerer, Marie-Louise: The Body of Gender oder The Body of What? Zur Leere des Geschlechts und seiner Fassade. In: Kerstin Ciba / Stephan Hense / Heike van Hoorn (Hrsg.): Kultur, Geschlecht, Körper. Münster 1999. S. 64–76.

Appiah, Kwame A. / Henry Louis Gates, Jr.: Identities. Chicago 1995.

Beinssen-Hesse, Silke / Kate Rigby: Out of the Shadows. Contemporary German Feminism. Melbourne 1996.

Bohnet, Iris: What Works: Gender Equality by Design. Cambridge 2016.

Bovenschen, Silvia: Die imaginierte Weiblichkeit. Exemplarische Untersuchungen zu kulturgeschichtlichen und literarischen Präsentationsformen des Weiblichen. Frankfurt a. M. 1979.

Brander, Stefanie [u. a.] (Hrsg.): Geschlechterdifferenz und Macht. Freiburg i. Br. 2001.

Brandstetter, Gabriele: Staging Gender. Körperkonzepte in Kunst und Wissenschaft. In: Franziska Frei-Gerlach / Annette Kreis-Schinck / Claudia Opitz / Béatrice Ziegler (Hrsg.): Körperkonzepte. Münster 2003. S. 25–45.

Breitenbach, Eva: Geschlechterforschung als Kritik: Zum 60. Geburtstag von Carol Hagemann-White. Bielefeld 2002.

Bronfen, Elisabeth: Mad Men. Zürich/Berlin 2015.

– Heimspiele in Hollywood. Berlin 1999.

– Das verknotete Subjekt. Hysterie in der Moderne. Berlin 1998.

– Weiblichkeit und Repräsentation – aus der Perspektive von Ästhetik, Semiotik und Psychoanalyse. In: Hadumod Bußmann / Renate Hof (Hrsg.): Genus. Zur Geschlechterdifferenz in den Kulturwissenschaften. Stuttgart 1995. S. 408–445.

– Nur über ihre Leiche. Tod, Weiblichkeit und Ästhetik. München 1994.

Bronfen, Elisabeth / Barbara Straumann: Diva. Eine Geschichte der Bewunderung. München 2002.

Bronfen, Elisabeth / Misha Kavka (Hrsg.): Feminist Consequences. Theory for the New Century. New York 2001.

Butler, Judith: Notes Toward a Performative Theory of Assembly. Cambridge 2015.

– Giving an Account of Oneself: What Does It Mean to Lead an Ethical Life Under Vexed Social Conditions? New York 2005.

– *Undoing Gender*. New York / London 2004.

– Excitable Speech: A Politics of the Performative. New York 1997; dt.: Hass spricht. Zur Politik des Performativen. Berlin 1998 und Frankfurt a. M. 2006.

– Bodies That Matter: On the Discursive Limits of *Sex*. New York 1993 und 1998; dt.: Körper von Gewicht. Die diskursiven Grenzen des Geschlechts. Frankfurt a. M. 1997.

– Gender Trouble: Feminism and the Subversion of Identity. New York 1990; dt.: Das Unbehagen der Geschlechter. Frankfurt a. M. 1991.

Crenshaw, Kimberlé: Demarginalizing the Intersection of Race and Sex: A Black Feminist Critique of Antidiscrimination Doctrine, Feminist Theory and Antiracist Politics. In: University of Chicago Legal Forum Bd. 1989. H. 1. Art. 8.

– Mapping the Margins: Intersectionality, Identity Politics, and Violence against Women of Color. In: Stanford Law Review 43. H. 6 (1991) S. 1241–1299.

Dennerlein, Bettina / Elke Fritsch / Therese Steffen (Hrsg.): Verschleierter Orient – Entschleierter Okzident? (Un)Sichtbarkeit in Politik, Recht, Kunst und Kultur seit dem 19. Jahrhundert. München 2012.

Dietze, Gabriele: Weiße Frauen in Bewegung. Genealogien und Konkurrenzen von Race und Genderpolitiken. Bielefeld 2013.

Faludi, Susan: Backlash: The Undeclared War Against American Women. New York 1991.

Fausto-Sterling, Anne: The Five Sexes. Revisited. In: The Sciences 40. H. 4. (2000) S. 18–23.

– Sexing the Body: Gender Politics and the Construction of Sexuality. New York 2000.

Fenstermaker, Sarah / Candace West (Hrsg.): Doing Gender, Doing Difference: Inequality, Power, and Institutional Change. New York 2002.

Foucault, Michel: Sexualität und Wahrheit. Bd. 1: Der Wille zum Wissen. Frankfurt a. M. 2004.

Fox Keller, Evelyn: Secrets of Life – Secrets of Death. Essays on Language, Gender and Science. New York 1992.

– Refiguring Life. Metaphors of Twentieth-Century Biology. Columbia 1995; dt.: Das Leben neu denken. Metaphern der Biologie im 20. Jahrhundert. München 1998.

Fraser, Nancy: Justice Interruptus. Critical Reflections on the *Post-socialist* Condition. New York / London 1997; dt.: Die halbierte Gerechtigkeit. Schlüsselbegriffe des postindustriellen Sozialstaates. Frankfurt a. M. 2001.

Frey Steffen, Therese (Hrsg.): Masculinities – Maskulinitäten. Mythos – Realität – Repräsentation – Rollendruck. Stuttgart/Weimar 2002.

Fuss, Diana: Essentially Speaking: Feminism, Nature and Difference. New York 1989.

Gildemeister, Regine / Angelika Wetterer: Wie Geschlechter gemacht werden. Die soziale Konstruktion der Zweigeschlechtlichkeit und ihre Reifizierung in der Frauenforschung. In: Gudrun-Axeli Knapp / A. W. (Hrsg.): Traditionsbrüche. Entwicklungen feministischer Theorie. Freiburg i. Br. 1992. S. 151–200.

Haraway, Donna: The Haraway Reader / Donna Haraway. New York 2004.

– Simians, Cyborgs, and Women: The Reinvention of Nature. New

York 1991; dt.: Die Neuerfindung der Natur. Primaten, Cyborgs und Frauen. Frankfurt a. M. 2001.

Harding, Sandra: The Feminist Standpoint Theory Reader: Intellectual and Political Controversies. New York 2004.

– (Hrsg.): Feminism and Methodology: Social Science Issues. Bloomington 1987.

Hirschauer, Stefan: Die soziale Konstruktion von Transsexualität. Über die Medizin und den Geschlechtswechsel. Frankfurt a. M. 1993.

Hof, Renate: Kulturwissenschaften und Geschlechterforschung. In: Ansgar Nünning / Vera Nünning (Hrsg.): Konzepte der Kulturwissenschaften. Stuttgart/Weimar 2003. S. 329–350.

– Von Women's Studies zu Gender Studies. In: Hubert Zapf (Hrsg.): Amerikanische Literaturgeschichte. Stuttgart/Weimar. S. 496–519.

– Die Entwicklung der Gender Studies. In: Hadumod Bußmann / Renate Hof (Hrsg.): Genus – Zur Geschlechterdifferenz in den Kulturwissenschaften. Stuttgart/Weimar 1995. S. 10 f.

Honegger, Claudia / Caroline Arni / Joan W. Scott (Hrsg.): Gender. Die Tücken einer Kategorie. Zürich 2001.

Hubrath, Margarete: Geschlechterräume. Konstruktionen von *gender* in Geschichte, Literatur und Alltag. Köln/Weimar/Wien 2001.

Klingebiel, Ruth / Shalini Randeria (Hrsg.): Globalisierung aus Frauensicht. Bilanzen und Visionen. Bonn 1998.

Knapp, Gudrun-Axeli / Angelika Wetterer (Hrsg.): Soziale Verortung der Geschlechter. Gesellschaftstheorie und feministische Kritik I. Münster 2002.

– Achsen der Differenz. Gesellschaftstheorie und feministische Kritik II. Münster 2003.

Kuster, Friederike: Die Erfindung des bürgerlichen Geschlechterverhältnisses. In: Sabine Doyé / Marion Heinz / Friederike Kuster (Hrsg.): Philosophische Geschlechtertheorien. Ausgewählte Texte von der Antike bis zur Gegenwart. Stuttgart 2002. S. 158–190.

Laqueur, Thomas: Auf den Leib geschrieben. Die Inszenierung der Geschlechter von der Antike bis Freud. München 1996.

Lauretis, Teresa de: The Practice of Love: Lesbian Sexuality and Perverse Desire. Bloomington 1994; dt.: Die andere Szene. Psychoanalyse und lesbische Sexualität. Berlin 1996.

Lauretis, Teresa de: Queer Theory: Lesbian and Gay Sexualities. In: Differences: a Journal of Feminist Cultural Studies 3. H. 2. (1991) S. iii–xviii.

– Technologies of Gender. Essays on Theory, Film, and Fiction. Bloomington 1987.

– Alice Doesn't: Feminism, Semiotics, Cinema. Bloomington 1984.

Madsen, Deborah L.: Feminist Theory and Literary Practice. London 2002.

Mae, Michiko / Britta Saal (Hrsg.): Transkulturelle Genderforschung. Ein Studienbuch zum Verhältnis von Kultur und Geschlecht. Wiesbaden 2007.

Maihofer, Andrea: Von der Frauen- zur Geschlechterforschung. Modischer Trend oder bedeutsamer Perspektivenwechsel. In: Widerspruch 44 (2003) S. 135–146.

– Geschlecht als Existenzweise. Macht, Moral, Recht und Geschlechterdifferenz. Frankfurt a. M. 1995.

– Geschlecht als hegemonialer Diskurs. Ansätze zu einer kritischen Theorie des Geschlechts. In: Theresa Wobbe / Gesa Lindemann (Hrsg.): Denkachsen zur theoretischen und institutionellen Rede vom Geschlecht. Frankfurt a. M. 1994. S. 236–263.

Manea, Elham: Women and Shari'a Law. The Impact of Legal Pluralism in the UK. London / New York 2016.

McIntosh, Mary: Der Begriff »Gender«. In: Das Argument 190 (1991) S. 845–860.

Orland, Barbara / Elvira Scheich: Das Geschlecht der Natur. Feministische Beiträge zur Geschichte und Theorie der Naturwissenschaften. Frankfurt a. M. 1995.

Ortner, Sherry B.: Making Gender: the Politics and Erotic of Culture. Boston 1996.

Rubin, Gayle: Thinking Sex: Notes for a Radical Theory of the Politics of Sexuality. In: Carole S. Vance (Hrsg.): Pleasure and Danger: Exploring Female Sexuality. Boston 1984.

Schiebinger, Londa: Nature's Body: Gender in the Making of Modern Science. Boston 1993; dt.: Am Busen der Natur. Erkenntnis und Geschlecht in den Anfängen der Wissenschaft. München 1995.

Scott, Joan W.: Die Zukunft von Gender. Fantasien zur Jahrtausendwende. In: Claudia Honegger / Caroline Arni (Hrsg.): Gender. Die Tücken einer Kategorie. Zürich 2001. S. 39–64.

– Gender: A Useful Category of Historical Analysis. In: American Historical Review 91 (1986) S. 1053–1075.

Sedgwick, Eve Kosofsky: Between Men: English Literature and Male Homosocial Desire. New York 1985.

– Epistemology of the Closet. Berkeley / Los Angeles 1990.

Showalter, Elaine: Speaking of Gender. New York 1989.

Spivak, Gayatri Chakravorty: Can the Subaltern Speak? In: Cary Nelson / Lawrence Grossberg (Hrsg.): Marxism and the Interpretation of Culture. Hampshire/London 1988.

Warner, Michael: The Trouble with Normal: Sex, Politics, and the Ethics of Queer Life. Cambridge 2000.

West, Candace / Don H. Zimmerman: Doing Gender. In: Gender and Society 1 (1987) S. 125–151.

Woolf, Virginia: A Room of One's Own (1929). Three Guineas (1938). Oxford / New York 1998; dt.: Ein eigenes Zimmer. Drei Guineen. Zwei Essays. Frankfurt a. M. 2001.

– Orlando. London 1928; dt.: Orlando. Frankfurt a. M. 2000.

Masculinities

Badinter, Elisabeth: XY. Die Identität des Mannes. München/Zürich 1993.

Bau/Steine/Männer (Hrsg.): Kritische Männerforschung: Neue Ansätze in der Geschlechtertheorie. Berlin 1996.

Böhnisch, Lothar / Reinhard Winter: Männliche Sozialisation. Bewältigungsprobleme männlicher Geschlechtsidentitäten im Lebenslauf. Weinheim 1993.

Bordo, Susan: The Male Body: a New Look at Men in Public and in Private. New York 1999.

Brod, Harry / Michael Kaufman: Theorizing Masculinities. Thousand Oaks (CA) 1994.

Brod, Harry (Hrsg.): The Making of Masculinities: the New Men's Studies. Boston 1987 und New York 1992.

Carby, Hazel: Race Men. Cambridge 1998.

Clatterbaugh, Kenneth: Contemporary Perspectives on Masculinity: Men, Women, and Politics in Modern Society. Boulder (CO) 1997.

Connell, Robert W.: Gender and Power. Society, the Person and Sexual Politics. Oxford 1987.

– Männer in der Welt: Männlichkeiten und Globalisierung. In: Widersprüche 67 (1998) S. 91–105.

– Masculinities. Berkeley (CA) 1995; dt.: Der gemachte Mann. Konstruktion und Krise von Männlichkeiten. Opladen 1999.

Dollimore, Jonathan: Sexual Dissidence: Augustine to Wilde, Freud to Foucault. Oxford / New York 1992.

Erhart, Walter / Britta Herrmann (Hrsg.): Wann ist der Mann ein Mann? Zur Geschichte der Männlichkeit. Stuttgart/Weimar 1997.

Faludi, Susan: Stiffed. The Betrayal of the American Man. New York 1999.

Feministische Studien 2 (2000): Männlichkeiten. S. 3–172.

Figurationen (2002): Konstruktionen der Männlichkeit. Hrsg. von Ines Kappert.

Godenzi, Alberto: Bieder, brutal – Frauen und Männer sprechen über sexuelle Gewalt. Zürich 1989.

Halberstam, Judith: Female Masculinity. Durham 1998.

Hearn, Jeff / David Morgan (Hrsg.): Men, Masculinities, and Social Theory. London 1990.

Hearn, Jeff: Getting Organised? The Politics and Organisation of Critical Studies on Men. In: Kritische Männerforschung 17 (1999) S. 4–6.

Hollstein, Walter: Nicht Herrscher, aber kräftig: die Zukunft der Männer. Hamburg 1989.

– Männerdämmerung. Von Tätern, Opfern, Schurken und Helden. Göttingen 1999.

– Potent werden. Das Handbuch für Männer. Liebe, Arbeit und der Sinn des Lebens. Bern 2001.

Jardine, Alice / Paul Smith (Hrsg.): Men in Feminism. New York / London 1987.

Kaufman, Michael (Hrsg.): Beyond Patriarchy. Essays by Men on Pleasure. Power, and Change. Toronto / New York 1987.

Kimmel, Michael S. (Hrsg.): Changing Men: New Directions in Research on Men and Masculinity. Newbury Park 1987.

– Manhood in America: a Cultural History. New York 1996, 2012.

Mac an Ghaill, Máirtín: Understanding Masculinities: Social Relations and Cultural Arenas. Buckingham/Philadelphia 1996.

Naumann, Barbara / Ines Kappert (Hrsg.): Konstruktionen von Männlichkeit. In: Figurationen 1 (2002).

Die Philosophin. Forum für feministische Theorie und Philosophie 22 (2000): Männerforschung/Männlichkeitsforschung. S. 5–144.

Pleck, Joseph H.: The Myth of Masculinity. London 1981.

Pleck, Joseph H. / Jack Sawyer (Hrsg.): Men and Masculinity. Englewood Cliffs 1974.

Plummer, David: One of the Boys: Masculinity, Homophobia, and Modern Manhood. New York 1999.

Schwanitz, Dietrich: Männer. Eine Spezies wird besichtigt. Frankfurt a. M. 2001.

Sedgwick, Eve Kosovsky: Between Men. English Literature and Male Homosocial Desire. New York 1985.

Silverman, Kaja: Male Subjectivity at the Margins. New York / London 1992.

Sinfield, Alan: Cultural Politics. Queer Reading. London 1994.

Smith, Paul (Hrsg.): Boys: Masculinities in Contemporary Culture. Boulder (CO) 1996.

Taylor, Gary: Castration: an Abbreviated History of Western Manhood. New York 2000.

Theweleit, Klaus: Männerphantasien. 2 Bde. Reinbek 1983.

Vögler, Gisela (Hrsg.): Sie und Er. Frauenmacht und Männerherrschaft im Kulturvergleich. Köln 1997.

Walter, Willi: Männer entdecken ihr Geschlecht: Zu Inhalten, Zielen, Fragen und Motiven von Kritischer Männerforschung. In: BauSteineMänner (Hrsg.): Kritische Männerforschung. Berlin 1996. S. 13–26.

– Gender, Geschlecht und Männerforschung. In: Christina von Braun / Inge Stephan (Hrsg.): Gender Studien. Eine Einführung. Stuttgart/Weimar 2000. S. 97–115.

Schlüsselbegriffe

Agency/Handlungsmacht   Der Eintritt (der Frau) in die symbolische Ordnung; ihr Gewicht, ihre Macht, auch in der Öffentlichkeit Ent-
scheidungen zu treffen.

Backlash   Heftige, oft gewaltsame Reaktion auf als fortschrittlich erachtete Entwicklungen. Rückschlag, Rückkehr konservativer Wertvorstellungen sowie die Einflussgewinnung von in dieser Richtung orientierten Kräften. (s. Faludi)

Bodies That Matter / Körper von Gewicht   Judith Butlers *Bodies
That Matter* (1993) wird oft als Antwort auf die Missverständnisse und
Fragen gelesen, die ihre Unterscheidung von *sex* und *gender* in *Gender
Trouble* (1990) ausgelöst hat. Hier wird die Vorstellung einer der Sprache und dem Symbolischen vorgängigen Materialität oder Körperlichkeit hinterfragt und auf den Körper-Effekten kultureller Normen insis-
tiert (→ Diskurs, Performativität). Sie beschreibt die diskursive Konstruktion der Materialität von Körpern als ritualisierte Reiteration
(Wiederholung) von Normen. Dafür entwickelt sie ihr Konzept der
diskursiven Performativität im Anschluss an J. L. Austins Sprechakttheorie und erweitert es um eine politische Dimension der Handlungs-
fähigkeit. Damit tritt sie dem Vorwurf entgegen, sie betreibe eine Praxis der Entkörperung. Sie postuliert, dass Geschlechts- und sexuelle
Identität nicht aufgrund einer voluntaristischen Wahl angenommen,
sondern durch einen konstitutiven Zwang hervorgebracht werden.

Cross-dressing   Cross-dressing bezeichnet die Tatsache, Kleidung zu
tragen, die in einer bestimmten Gesellschaft dem anderen Geschlecht
zugeordnet wird. Diese Handlung stellt sich den impliziten Regeln und
Normen entgegen, die in einer bestimmten diskursiven Formation
wirkungsmächtig sind, also sozial konstruiert sind. Es gibt viele verschiedene Typen von Cross-dressing. Drag ist dabei nur eine spezifische Form, die ein bestimmtes Geschlecht inszeniert. In den Gender
Studies wurde das Konzept seit den neunziger Jahren dazu verwendet,
das Konzept »Natürlichkeit« zu dekonstruieren.

Cyborg Cyborgs können als Zusammensetzungen eines menschlichen Wesens und eines elektronischen oder mechanischen Apparates in einem Körper verstanden werden. Donna Haraway verbindet diskurstheoretische feministische Ansätze mit Bio- und Informationstechnologien und schlägt vor, den Cyborg als Identität von Organismen zu definieren, die in einem kybernetischen Informationssystem eingebettet sind. Hier wird einerseits die Grenze des Körpers, andererseits das Verhältnis von Subjekt und Objekt neu gedacht: Die Grenzen zwischen Körper und Technologie sind sozial konstruiert, zugleich unbestimmt und arbiträr.

Dekonstruktion Der Philosoph Jacques Derrida (1930–2004) dekonstruiert zwei wichtige Prinzipien westlichen Denkens: erstens das »binäre System« (männlich/weiblich, anwesend/abwesend, gesprochen/geschrieben, weiß/schwarz) des Strukturalisten Ferdinand de Saussure, zweitens die westliche Tendenz, die Wahrheit stets auf eine scheinbar einzige sichere Basis, auf ein einziges Zentrum zurückzuführen; dieser Logozentrismus (griechisch Logos = Wort, Verstand, Erkenntnis) macht uns fälschlicherweise glauben, der Sinn oder die Bedeutung läge irgendwo »außerhalb« und garantiere so die ungeteilte Wahrheit unserer Aussagen. Dekonstruktion ist jedoch keine Methode; Derrida verweigert sich der Falle jeglicher starren Systematik. Viel eher sieht er Dekonstruktion als Taktik, um das freie Spiel des Signifikanten zu schützen. Dekonstruktion ist eine doppelte Bewegung: sowohl aufbrechend und disruptiv wie auch neu ordnend. – Die Dekonstruktion bot der feministischen Theoriebildung den wesentlichen Anstoß zum Aufbrechen binärer Systeme.

Différance Jacques Derrida macht auf einen wichtigen Binarismus zwischen gesprochener und geschriebener Sprache aufmerksam: Seit Plato ist die Rede privilegiert, das Schreiben sekundär. Um diese Unterordnung des Schreibens auszugleichen, prägt Derrida den Begriff »différance«, ein Wortspiel mit den Bedeutungen von »différence« und »deferral«.

Diskurs Der Begriff »Diskurs« wird in den zeitgenössischen Wissenschaften geradezu inflationär verwendet, ohne genauer bestimmt zu werden. Er wird dabei von aus so unterschiedlichen Denktraditionen stammenden Personen wie Jürgen Habermas und Michel Foucault benutzt. Nach Foucault meint Diskurs die Menge der zu einem bestimmten historischen Zeitpunkt materiell vorhandenen Aussagen einer bestimmten diskursiven Formation (zum Beispiel der Psychiatrie, der Ökonomie, des Geschlechts, der Religion), die nach bestimmten Regeln und Zwängen strukturiert ist und so ganz bestimmte Aussagen ermöglicht und andere verunmöglicht. Habermas dagegen geht von einem idealtypischen Diskurs in einem herrschaftsfreien Raum aus. Für die Gender Studies von Interesse ist besonders auch Foucaults Vorstellung des Subjekts als (Macht-)Effekt von Diskursen.

Diversity/Diversität »Differenz ist das Ergebnis von kulturellen Setzungen, die Diversität in eine Ordnung bringen.« (https://www.uni-leipzig.de/forschb/04/338001.htm) Diversität meint Vielfalt und bezeichnet aktuelle Bestrebungen, sich von Identitätspolitik und -denken zu entfernen. Wird nicht mehr in Kategorien von Identitäten gedacht, sondern auf einer stufenlosen Skala, können stereotypisierende Effekte (wie die Homogenisierung von Gruppen, die Konstruktion von Identitäten) verhindert werden. Geschlecht ist dabei ein Faktor menschlicher Diversität unter anderen (zum Beispiel Religion, Alter, Bildung), der gesellschaftliche Prozesse und Strukturen beeinflusst. Die unser Denken strukturierenden Binarismen wie männlich/weiblich oder natürlich/kulturell werden als diskursiv erzeugt entlarvt. Methodisch heißt das, die Vielfalt in die Fragestellung zu integrieren und dadurch differenzierte Ergebnisse gewinnen zu können. Fragen nach der Rolle der Geschlechterordnungen in diesem Kontext sind nicht nur für die Gender Studies, sondern auch für die Gleichstellungspolitik wichtig.

Doing gender *Doing gender* meint soziale Praktiken der Geschlechterunterscheidung. Von Candace West und Don Zimmerman 1987 als programmatische Abgrenzung zur Sex-Gender-Unterscheidung entwickelt, versteht *doing gender* Geschlechtszugehörigkeit und Geschlechtsidentität als fortdauernden Herstellungsprozess.

Écriture féminine Der von Hélène Cixous Mitte der siebziger Jahre in Frankreich geprägte Begriff sucht nach verborgenen Spuren weiblichen Schreibens, der unaussprechlichen respektive unterdrückten »différance« (Derrida) im Werk von Autorinnen. Er bezeichnet auch experimentelle Formen, die das Weibliche in Texte »einzuschreiben« versuchen. Cixous sucht bewusst nach Ausgängen beziehungsweise Ausbrüchen aus binären Systemen.

Ethnozentrismus Werden andere kulturelle Systeme (Gesellschaften, Texte usw.) vom Standpunkt der eigenen Kultur und deren impliziten Regeln und Normen gelesen oder beurteilt, spricht man von Ethnozentrismus (für Europa zum Beispiel von Eurozentrismus). Da diese Position a priori unhintergehbar ist, muss jede Wissenschaft den Blick für diese Perspektivierung schärfen und die Rede von der Objektivität der Wissenschaften hinterfragen (die wiederum ein Konstrukt der westlichen Wissenschaften ist). Wird diese eigene Kultur dennoch als das »Normale« im Gegensatz zur fremden »Abweichung« angesehen, muss je nach Ausprägung außerdem von einem ausgesprochenen Rassismus, Nationalismus oder Kulturalismus (Rassismus ohne Begriff der Rasse) gesprochen werden.

Gay/Lesbian Studies / Queer Theory Seit den siebziger Jahren betriebene Forschung zu männlicher und weiblicher Homosexualität, seit den neunziger Jahren besser bekannt unter dem Namen der Queer Theory, die sich allerdings auch inhaltlich ausweitete. Der in den achtziger Jahren noch negativ konnotierte Begriff »queer« erfuhr eine Umwertung, da seine begriffliche Unbestimmtheit die Möglichkeit eröffnete, sich aus binären Oppositionen, die noch die Gay/Lesbian Studies prägten, zu befreien. Während in den siebziger Jahren zunächst Diskriminierung und Ausgrenzungsfragen untersucht wurden, finden heute eher die vielfältigen Zusammenhänge und Beziehungen zwischen den unterschiedlichen geschlechtlichen und sexuellen Orientierungen, auch im Hinblick auf Konzepte wie Ethnizität oder Religion, Beachtung. Ebenso wie beim Konzept des Geschlechts werden zunehmend die Konstrukthaftigkeit der sexuellen Identität und die Normalisierungskräfte der Diskurse hervorgehoben (Butler, Foucault). Damit wird die Frage der Geschlechterdifferenz neu gestellt und versucht, die Binarität der Geschlechteropposition aufzulösen. Die Gay/Lesbian Studies / Queer-Ansätze richten sich vor allem gegen das Konzept der Heteronormativität. Neben Queer Theory eingebürgert haben sich auch LGBT (Lesbian, Gay, Bisexual, Transgender) Studies.

Gender   Der englische Ausdruck für das »soziale, kulturelle Geschlecht«, im Gegensatz zum biologischen Geschlecht, *sex. Gender* bezeichnet die unterschiedlichen Rollen und Normen, die Frauen und Männern in unserer Gesellschaft zugewiesen werden. Weil es erlernt und nicht angeboren ist (vgl. Simone de Beauvoir), ist dieses soziale Geschlecht auch veränderbar und kann weiterentwickelt werden.

Genderismus   Die eher abseitige Wortprägung hat nach öffentlichkeitswirksamen kirchlichen Verlautbarungen, die Gendertheorie sei Ideologie, Eingang in den Wortschatz der gesellschaftspolitischen Debatten gefunden (siehe u. a. Papst Franziskus, Bericht in der *FAZ* vom 3. 10. 2016, und Katrin Meyer in der *NZZ* vom 18. 12. 2013). Diese Debatten drehen sich um die Definitionsmacht darüber, was Ehe und Familie zu Beginn des 21. Jahrhunderts bedeuten dürfen und nach welchen Normen Sexualität und Geschlechterverhältnisse zu regeln seien.

Gender Mainstreaming   Der Europarat hat 1998 diese gleichstellungspolitische Strategie wie folgt definiert: »Gender Mainstreaming besteht in der (Re-)Organisation, Verbesserung, Entwicklung und Evaluierung politischer Gestaltungsprozesse mit dem Ziel, dass die daran beteiligten Akteurinnen und Akteure die Perspektive der Gleichstellung von Frauen und Männern in allen Bereichen, auf allen Ebenen und in allen Phasen des Prozesses mit einbeziehen.«

Gender Trouble   Das Unbehagen der Geschlechter, so die Übersetzung von Judith Butlers einflussreichem 1990 erschienenem Titel, definiert Probleme, Nöte, Verstörungen, die aus der Zuschreibung und Reproduktion heteronormativer Geschlechterverhältnisse entstehen. Für Butler ist das ›Körpergeschlecht‹ vor allem ein diskursives Konstrukt, das über den Vorwand eines angeblich natürlich-biologischen Geschlechts Macht und Herrschaft ausübt. Diese Denkbilder gehören dekonstruiert. Subjektwerdung/Geschlechteridentität geschehen für Butler einerseits über performative, wiederholte Sprechakte (Austin) und diskursive soziale Realitäten/Praktiken (Foucault). In diesen Parametern bewegt sich das Verhältnis von Subjekt, Körper und Macht.

Glass Ceiling / Gläserne Decke Die »gläserne Decke« bezeichnet die Unmöglichkeit des beruflichen Aufstiegs in die Chefetagen. Die Frau sieht zwar »nach oben«, dringt jedoch, trotz bester Qualifikationen, nicht durch.

Gleichstellung / Gender Equality by Design In *What Works: Gender Equality by Design* (2016) plädiert die Verhaltensökonomin Iris Bohnet für verhaltensändernde Settings aufgrund der Resultate empirischer Fallstudien.

Hegemonie Vormachtstellung. Dazu gehören Begriffe wie »hegemoniale Männlichkeit«, »Heteronormativität« und »Hierarchisierung«.

Identity Politics / Identitätspolitik »In den Vereinigten Staaten wird der Ausdruck ›Identitätspolitik‹ [...] zunehmend und abwertend synonym mit Feminismus, Antirassismus und Antiheterosexismus gleichgesetzt. Hierbei wird unterstellt, dass die natürliche Stoßrichtung solcher Politik eine partikularistische Selbstbehauptung ist, die den Universalismus der ›common dreams‹ zurückweist und mit Gerechtigkeit nichts zu tun hat.« (Nancy Fraser)

Intersektionalität Geprägt von der US-amerikanischen Juristin Kimberlé Crenshaw 1987/89, erweitert »intersectionality« die bekannte »race-, class-, gender«-Triade zum internationalen Begriff für multiple Diskriminierung. Intersektionalität lässt sich jedoch nicht auf dies begrenzen, sondern bedeutet, mit Kathy Davis, einen Variationsreichtum an thematischen, methodischen und theoretischen Referenzen. Im deutschen Sprachraum haben sich u. a. Gudrun-Axeli Knapp und Isabell Lorey mit dem epidemischen Potenzial des Begriffs beschäftigt.

Kontingenz Zufälligkeit, nicht notwendigerweise eintretend: »Es könnte auch anders sein.«

Male Gaze In Erweiterung und Ergänzung von Laura Mulveys Filmtheorie setzt sich Kaja Silverman 1996 in *The Threshold of the Visible World* auch kritisch mit der Blicktheorie Jacques Lacans auseinander (*male gaze, male look, screen*). Wichtig ist ihre Unterscheidung des »vom Mangel gezeichneten, vom Begehren angetriebenen, individuellen, männlichen Blicks (male look) vom vorsubjektiv, ortlos und transhistorisch gedachten Sehen (gaze)«.

Mimikry Der aus der Biologie des 19. Jahrhunderts stammende Begriff zielte ursprünglich auf die Eigenart bestimmter Spezies, Merkmale gefährlicher oder ungenießbarer Arten zu imitieren: Sie werden dadurch getarnt und geschützt. Dieser Ausdruck kann auch für kulturelle Analysen (Bhabha, Bronfen, Butler, Garber, Weißberg) fruchtbar gemacht werden und ästhetische, soziale oder psychologische Praktiken beschreiben. Er steht dabei im Spannungsfeld der Diskussion um traditionelle Oppositionen und Begriffe wie Natur und Kultur, Original und Reproduktion, Repräsentation und Performanz sowie Identität. Da Mimikry durch ihre Differenz zur Norm die Konstruiertheit von geschlechtlichen, sozialen und kulturellen Identitäten markiert, kann sie als Mittel zur Subversion oder Wiederaneignung gelesen werden und wird dadurch für die Gender Studies interessant (Maskerade, Crossdressing, Performativität).

Misogynie Persönliche und systematische Praktiken des Frauenhasses; institutionelle Unterdrückung von Frauen und allem, was als »weiblich« bezeichnet werden kann; außerdem kulturell tradierte Formen wie Fußbindung, genitale Beschneidung, weiblicher Infantizid, Kinderprostitution, Witwenverbrennung oder erzwungene Eheschließung.

Performanz, Performativität Zentrale Begriffe der neueren Genderdiskussion zur Konstruiertheit von *gender* und *sex*, die linguistische (Performanz) wie theaterkünstlerische Bezüge (Performance) nahelegen. Doch bezeichnet »Performativität« gerade nicht einen bewussten Akt der Geschlechtskonstruktion, also keine »Schauspielerei«. Performativität meint vielmehr die nicht abschließbare und nicht intentionale Wiederholung oder Reinszenierung (insofern Performance) von Normen, die (Geschlechts-)Identitäten konstituiert.

Queer Theory siehe Gay/Lesbian Studies / Queer Theory

Repräsentation »Repräsentation« bezeichnet den Vorgang der Sinnkonstitution über Zeichen. Die Vorstellung, die Welt könne durch Repräsentationssysteme adäquat abgebildet werden, wird bereits im 19. Jahrhundert aufgegeben. Insofern ergibt sich ein Hinweis darauf, dass Realität konstruiert wird. Hier wird es für die Gender Studies interessant: Einerseits können nun Repräsentationen von Frauen in diversen Feldern als Untersuchungsgegenstand dienen, andererseits kann über eine Abgrenzung zu einem solchen Begriff der Abbildung, der Identität, die differenzlogische Denktradition theoretisch weiterentwickelt werden. Geschlecht muss als spezifische Art der Darstellung im Rahmen eines kulturellen Kontextes gedacht werden: »The representation of woman as image (spectacle, object to be looked at, vision of beauty – and the concurrent representation of the female body as the locus of sexuality, site of visual pleasure, or lure of the gaze) is so pervasive in our culture that it necessarily constitutes a starting point for any understanding of sexual difference and its ideological effects in the construction of social subjects, its presence in all forms of subjectivity.« (Teresa de Lauretis in *Alice Doesn't: Feminism, Semiotics, Cinema*, 1984, S. 38) Laura Mulvey zeigt bereits 1975 den Zusammenhang des erfolgreichen Hollywoodkinos mit der männlich konnotierten Schaulust (Skopophilie). Sie geht davon aus, dass hier die Binarität der Geschlechterrepräsentationen gefestigt wird. Ihre eigene Dichotomisierung des aktiven männlichen Zuschauers als Subjekt und des passiven weiblichen Objekts wird später jedoch von anderen Theoretikerinnen aufgelöst zugunsten einer dynamischen Konzeption der Konstruktion von *gender* im Film.

Revision »Nochmalige Durchsicht«, das heißt Neubewertung, Neu-Lesen bekannter Werke aus feministischer Sicht. 1971 von Adrienne Rich eingeführter Begriff: *When We Dead Awaken: Writing as Re-Vision.*

Sex Die biologische Unterscheidung der Geschlechter in männlich, weiblich, transsexuell, hermaphroditisch (Laqueur, Butler). Mit der Unterscheidung von *sex* und *gender* wird die biologische Geschlechterteilung nicht in Frage gestellt, verliert aber ihre absolute Relevanz.

Sex-Gender-System Im Laufe der achtziger Jahre des 20. Jahrhunderts wurde die Trennung von *sex* und *gender* zunehmend kritisch hinterfragt. Der Vorwurf zielte vor allem darauf, dass »gerade die auf den ersten Blick so einleuchtende Vorstellung von gender als ›soziokultureller Konstruktion von Sexualität‹ davon auszugehen« scheint, »dass es so etwas gibt wie ›den‹ Körper oder ›die‹ Sexualität, d. h. etwas, das vor der Konstruktion existiert« (Renate Hof). Einen Meilenstein in der Kritik des Sex-Gender-Systems setzte 1990 Judith Butlers *Gender Trouble*, deutsch *Das Unbehagen der Geschlechter*. In Anlehnung an Michel Foucault ging sie davon aus, dass Subjekte lediglich Produkte der juridischen Machtsysteme seien, die diese dann wiederum repräsentieren. Mit anderen Worten: Das »feministische Subjekt« erweise sich als Produkt eben derjenigen Herrschaftsstrukturen, die es als patriarchalisch identifiziere und bekämpfe. Folglich könne von »der Frau« als universellem Subjekt des Feminismus und seiner politischen Forderungen nicht gesprochen werden. Auch das in Abgrenzung von der konstruierten Geschlechtsidentität (*gender*) als stabil gedachte »natürliche Geschlecht« (*sex*) wurde von Butler als performativ entlarvt: »Man kann nämlich den Körpern keine Existenz zusprechen, die der Markierung ihres Geschlechts vorherginge.« Der Körper werde erst durch die Markierungen der Geschlechtsidentität konstituiert. Butler plädierte daher dafür, die Vorstellung von *sex*, also von der Natürlichkeit der körperlichen Geschlechtsunterschiede, fallen zu lassen und sowohl die körperliche als auch die kulturelle Geschlechtsidentität als Konstruktion zu betrachten.

Situated Knowledges Situiertes, kontextgebundenes Wissen. In ihrem einflussreichen Aufsatz »Situated Knowledges: The Science Question in Feminism and the Privilege of Partial Perspective« (1988 erschienen in Feminist Studies, später als Kap. 9 in *Simians, Cyborgs, and Women: The Reinvention of Nature*) stellt Donna Haraway die Frage nach der Objektivität aller akademischen Forschung ins Zentrum und kommt zu der Erkenntnis, dass selbst scheinbar rationales Wissen machtabhängig ist.

Stereotyp, Geschlechterstereotyp Die verallgemeinernde vereinfachte Beschreibung einer Gruppe aufgrund von Eigenschaften oder Verhaltensweisen. Sie ist oft tatsachenwidrig und emotional geladen, resistent gegen vernünftige Argumente und beruht häufig auf einer Akkumulation vergangener Fakten. Die Sozialpsychologie des frühen 20. Jahrhunderts führte den Begriff für die Bilder ein, mit deren Hilfe die Menschen die Welt kategorisieren und sich selbst handlungsfähig machen. Sander Gilman beschreibt das Stereotyp einerseits als Teil der persönlichen Entwicklungsgeschichte, die es dem Subjekt über die Aufteilung in eine »gute Welt« und »schlechte Welt« erst ermöglicht, Subjekt und Objekt zu unterscheiden, andererseits als Wiederkehr einer Struktur im Erwachsenenalter im Zusammenhang mit gesellschaftlichen Faktoren: »Jede soziale Gruppe hat ein bestimmtes Vokabular von abrufbaren Bildern dieses externalisierten Anderen. Diese Bilder sind ein Produkt der Geschichte sowie einer Kultur, welche sie perpetuiert. [...] Jede Gesellschaft hat eine nur ihr eigene, unverwechselbare ›Tradition‹, mit der sie ihre Stereotype bestimmt.« Die Produktion von Stereotypen basiert auf den Vorgängen der Simplifizierung, Übertreibung oder Verzerrung und Generalisierung von Eigenschaften einer bestimmten Gruppe sowie der Präsentation von kulturellen Attributen als »natürlich«. Die Zugehörigkeit zu einer bestimmten sozialen Gruppe aktiviert spezifische Rollenerwartungen, die normativen Charakter annehmen. Als am häufigsten verwendete Kategorien der westlichen Kultur nennt Gilman Krankheit, Sexualität und Rasse. Das Geschlecht wäre eine weitere Kategorie, die die westliche Welt naturalisiert. Geschlechterstereotype sind dann, so Renate Kroll, »auf bestimmte Normvorstellungen fixierte Zuschreibungen von Tätigkeiten und Eigenschaften an Frauen und Männern, durch die Verhaltensmöglichkeiten wie z. B. prosoziales/aggressives Handeln je nach Geschlechtszugehörigkeit abgesteckt und Alternativen ausgeblendet werden«.

Streit um Differenz 1993 erschienenes feministisches Standardwerk von vier der bekanntesten feministischen Theoretikerinnen der USA: Seyla Benhabib, Judith Butler, Drucilla Cornell und Nancy Fraser. Aus unterschiedlichen Denktraditionen kommend, beziehen sie aus ihrer Position Stellung zur »Postmoderne« und deren Implikationen für »den« Feminismus.

Subaltern Studies Seit dem 1988 veröffentlichten einflussreichen Aufsatz *Can the Subaltern Speak?* schuf Gayatri Chakravorty Spivak aus dem transnationalen Crossover von Feminist und Postcolonial Studies den Begriff »Subaltern Studies«. In diesem Aufsatz beschäftigt sich die Komparatistin, Anglistin und Kulturkritikerin Spivak mit der Auswirkung von Zuschreibungen und Projektionen auf Subalterne, das heißt auf die sprach- und mundtot gemachten Vertreter und vor allem Vertreterinnen einer kolonialen respektive postkolonialen Gesellschaft, in der Frauen stets auf der untersten Stufe der Machthierarchie angesiedelt sind. »Subaltern Studies« zielen deshalb auf eine Revision bestehender Verhältnisse zugunsten der Benachteiligten. Dabei kommt Spivak ihre Auseinandersetzung mit Jacques Derridas dekonstruktiver poststrukturalistischer Theorie zugute. Spivak verknüpft jedoch Derrida mit marxistischen Theorien und fordert nicht nur eine Dekonstruktion von Bedeutung nach Derrida, sondern eine neue Sinndimension der Machtverhältnisse zugunsten der marginalisierten subalternen Bevölkerung. Gayatri Spivaks 1999 erschienenes Buch *A Critique of Postcolonial Reason* übt scharfe Kritik an einer globalisierten neoliberalen Wirtschaft, die die Strukturen des Kolonialismus und Postkolonialismus erneut rekonstruiert. – Mit Edward Said und Homi K. Bhabha gehört Gayatri Spivak auch zu den Begründern der Postcolonial Studies.

Das Symbolische Von Jacques Lacan verwendeter Ausdruck, der eine seiner drei wesentlichen Ebenen auf dem Gebiet der Psychoanalyse bezeichnet. Lacan radikalisierte Freuds psychodynamische Theorie des

Unbewussten hin zu einer strukturellen Theorie im Anschluss an de Saussures Semiotik, indem er die Ebenen des Symbolischen, des Imaginären und des Realen unterschied. Das Symbolische ist nach Lacan strukturiert wie die Sprache, und seine Elemente funktionieren nach den Mechanismen der Signifikanten. Lacan zeigt, wie das Subjekt sich in eine immer schon symbolische Ordnung einbinden muss (Spiegelstadium). Der Ausdruck bezeichnet keine starre, sondern eine dynamische *Struktur*, sowie das *Gesetz*, auf dem sich diese symbolische Ordnung gründet. Diese wird in den Gender Studies als patriarchalisch begründet kritisiert. Julia Kristeva führt die Unterscheidung des Semiotischen und des Symbolischen nach Freud und Lacan weiter. Das Symbolische ist nun der Bereich des gesetzten arbiträren Zeichens. Diesem Bereich gehören aber nicht nur die artikulierte Sprache, sondern auch die visuellen Symbole und andere bildhafte Repräsentationen an. Kristeva beschreibt das Semiotische als den Bereich des Weiblichen, der das Symbolische destabilisieren könne.

Technologies of Gender In Anlehnung an Foucault theoretisiert Teresa de Lauretis in *Technologies of Gender* (1987) *gender* jenseits der Grenzen sexueller Differenz. Dabei entwickelt sie einen poststrukturalistischen Subjektbegriff, der das Subjekt als multipel, gegensätzlich und gespalten begreift. Auch lenkt sie die Aufmerksamkeit auf die zentrale Funktion der Repräsentation im Verständnis der Geschlechterrollen respektive der Herstellung von Geschlecht.

Turns Die »Turns« – linguistic turn, pictorial/iconic turn, performative, cultural und genetic turn – spiegeln auch die Entwicklung der Geschlechterordnung wider, die sich im 20. Jahrhundert mit der Trennung von »Geschlecht« und *gender* vollzogen hat.
- **Cultural turn** Steht in engem Zusammenhang mit der Wiederentdeckung, Neufassung und Erweiterung des Kulturbegriffs, der im späten 20. Jahrhundert in vielen Fachbereichen die akademische Welt um den Ansatz der Cultural Studies / Kulturwissenschaften bereichert hat. Die aktuelle Konjunktur des Kulturbegriffs steht jedoch in einem inadäquaten Verhältnis zur Relevanz, die dem Kulturellen in den gesellschaftlichen und politischen Diskursen zuerkannt wird.

Die strategische Verwendung des Kulturbegriffs hat dabei eine Geschichte, die selbst zum Gegenstand der Kulturwissenschaft gemacht werden kann. War der Kulturbegriff noch am Beginn des 20. Jahrhunderts als normativer Kampfbegriff etwa gegen die französische »Zivilisation« instrumentalisierbar, so zeichnet er sich an dessen Ende durch einen inflationären und vieldeutigen Gebrauch aus, dessen Spektrum von »Multikulturalität« und »interkultureller Vermittlung« über »Alternativ-«, »Pop-«, »Medien-«, »Alltags-« oder »Unternehmenskultur« bis zur »Netzkultur« oder »Kulturinszenierung« reicht. Damit einher geht auch das Selbstverständnis der Kulturwissenschaft(en) als Erweiterung des Gegenstandsbereichs der Geistes- und Sozialwissenschaften hin zu den unterschiedlichsten symbolischen Formen und Phänomenen des Alltags.

- **Genetic turn** Der Begriff entwickelte sich in der zweiten Hälfte des 20. Jahrhunderts mit der Trennung von »Geschlecht« und *gender*. In den 1990er Jahren griff der Begriff genetic turn in die Gesellschaft über, der cultural turn wiederum in die Science Studies. Es besteht insofern eine Parallelisierung zwischen linguistic/pictorial und genetic turn, als die kulturelle Kodierung des Geschlechts (gender) wesentlich über Sprache und Bild geschieht.

- **Iconic turn** Der Begriff »ikonische Wende«, 1994 von Gottfried Boehm geprägt, bezeichnet, analog zur »linguistischen Wende«, den Versuch der Bild- und Kunstwissenschaft, die strukturierende Art des Bildes in einer eigenen »Sprache« zu fassen. Die Wende bedeutet eine Verlagerung von der sprachlichen auf die visuelle Informationsebene. Gefordert wird außerdem eine interdisziplinäre Auseinandersetzung mit der Welt der Bilder, an der sich so unterschiedliche Fächer wie Kunstgeschichte, Philosophie, Medienwissenschaft, Kognitionswissenschaft, Psychologie oder Naturwissenschaften beteiligen.

- **Linguistic turn** 1953 von Gustav Bergmann eingeführter Begriff, der auf die Unmöglichkeit hinweist, jenseits von Sprache über Sprache nachzudenken. 1967 begriff Richard Rorty den linguistic turn einerseits als Wende, an der die Sprache als »Fessel« des Denkens erkannt wird, andererseits auch als eine Wende, an der die Querverbindungen zu den technischen »Medien«, die von der Schriftlichkeit hervorgebracht wurden, bewusst werden. Vgl. auch Klaus Stierstorfers Eintrag im *Metzler Lexikon: Literatur- und Kulturtheorie*: »[...] der Begriff bezeichnet eine Reihe von sehr unterschiedlichen Entwicklungen im abendländischen Denken des 20. Jh.s. Allen gemeinsam ist eine grundlegende Skepsis gegenüber der Vorstellung, Sprache sei ein transparentes Medium zur Erfassung und Kommunikation von Wirklichkeit. Diese Sicht wird durch die Auffassung von Sprache als unhintergehbare Bedingung des Denkens ersetzt. Danach ist alle menschliche Erkenntnis durch Sprache strukturiert; Wirklichkeit jenseits von Sprache ist nicht existent oder zumindest unerreichbar. Wichtigste Folgen sind, daß Reflexion des Denkens, bes. die Philosophie, damit zur Sprachkritik wird und daß Reflexion sprachlicher Formen, auch der Literatur, nur unter den Bedingungen des reflektierten Gegenstandes, eben der Sprache, geschehen kann.«

Die Kritik des linguistic turn betont auch »die fehlende Rückkoppelung an die soziomaterielle Realität als gefährliche Folge einer Auffassung, die Sprache als unhintergehbar und damit unhinterfragbar charakterisiert«, eine Gefahr, deren sich Gérard Genette, Roman Jakobson, Tzvetan Todorov sowie Jacques Derrida, Julia Kristeva, Jacques Lacan oder Michel Foucault durchaus bewusst waren. Letztlich impliziert der Begriff ein Unbehagen gegenüber »sprachlicher Machbarkeit« und »Macht«, wie sie in der Theoriediskussion des Poststrukturalismus manifest sind.

- **Performative turn** In den Geistes- und Sozialwissenschaften hat das Performative zu einem Nachdenken über traditionelle Vorstellungen von Kultur, Subjekt oder Identität geführt. Der Begriff beinhaltet im anthropologischen Sinn »Ritual«, »Zeremonie«, im ökonomischen oder technologischen Wettbewerb das Erbringen einer Leistung. In der Sprechakttheorie sind »performances« Sprechakte, durch die eine Handlung vollzogen wird. Während konkrete Darstellungen geschlechtliche Identifizierungen vor- und (kritisch) ausstellen können, bezeichnet »performance« ebenso alltägliche Handlungen als Verfestigung geschlechtlicher Identität.
- **Pictorial turn** Der Kunst- und Medienhistoriker W. J. T. Mitchell hat die Frage aufgeworfen, wie man über Bilder und Sehweisen in einer neuen Art sprechen kann, denn über diese werden auch Sprache und Inhalte vermittelt. Dem pictorial turn liegt die Einsicht zugrun-

de, dass ein Bild ein »komplexes Wechselspiel von Visualität, Apparat, Institutionen, Diskurs, Körpern und Figurativität« ist (Mitchell). Der pictorial turn ist »die Erkenntnis, dass die Formen des Betrachtens (das Sehen, der Blick, der flüchtige Blick, die Praktiken der Beobachtung, Überwachung und visuelle Lust) ebenso tiefgreifende Probleme wie die verschiedenen Formen der Lektüre (das Entziffern, Dekodieren, Interpretieren usw.) darstellen [...]. Entscheidenderweise aber enthält der pictorial turn die Erkenntnis, dass, obgleich sich das Problem der bildlichen Repräsentation immer schon gestellt hat, es uns heute unabwendbar mit noch nie dagewesener Kraft bedrängt, und das auf allen Ebenen der Kultur.«

– **Technological turn / practical turn**   Im Gegensatz zum linguistic turn hat der technological turn beziehungsweise practical turn die Frage der sozialen Konstruktion, so Christina von Braun und Inge Stephan, »auf die Ebene der materiellen, d. h. technischen Grundlagen der Wissensproduktion« bezogen, »um die Wechselwirkungen zwischen Diskurs und Praktik, zwischen sozialen Konstruktionen und den *material constraints* zu untersuchen«.

Zeittafel

1792–1920

Declaration of Independence (4. Juli 1776)

Thomas Paine (1737–1809)
Pamphlet of Common Sense (1776)
Rights of Man (1791/92)
The Age of Reason (Teil 1: 1794)

Erklärung der Menschenrechte (1789) im Rahmen der Französischen Revolution

Jean Antoine Marquis de Condorcet (1743–1794)
Sur l'admission des femmes aux droits de cité (1790)

Olympe de Gouges (1748–1793)
Declaration of the Rights of Women and the Citizen (1791)

Mary Wollstonecraft (1759–1797)
Vindication of the Rights of Women (1792)

Margaret Fuller (1810–1850)
Women in the Nineteenth Century (1845)

Seneca Falls Convention (Juli 1848): erste Erklärung der Frauenrechte in der Geschichte der USA

Erste nationale, von Lucy Stone (1818–1893) organisierte »Women's Rights Convention« (1850)

Sojourner Truth (ca. 1799–1883)

»Ar'n't I A Woman?« – Rede an der »Women's Rights Convention« (1850)

Gründung der American Equal Rights Association (1866)

John Stuart Mill (1806–1873)
The Subjection of Women (1869)

Gründung der National Woman Suffrage Association (1869) durch Elizabeth Cady Stanton

Declaration and Protest of the Women of the United States (1876), verfasst von Susan B. Anthony zur Jahrhundertfeier der USA

Gründung der National American Woman Suffrage Association (NAWSA, 1890) als Zusammenschluss aller Organisationen, die für das Stimm- und Wahlrecht kämpfen

Charlotte Perkins Gilman (1860–1935)

1918 erhielten britische Frauen ab dreißig Jahren das Stimm- und Wahlrecht; 1928 wurde die Altersgrenze auf einundzwanzig Jahre gesenkt

1920 Ratifizierung des 19th Amendment; amerikanische Frauen erhalten das Stimm- und Wahlrecht

1920–1950

Equal Rights Amendment (1923), vorgeschlagen von der Woman's Party

Virginia Woolf (1882–1941)
 A Room of One's Own (1929), *Orlando* (1928), *Three Guineas* (1938)

Zora Neale Hurston (1891–1960)
 Their Eyes Were Watching God (1937)

1950 bis heute

Simone de Beauvoir (1908–1986)
 Le Deuxième Sexe (1949; dt. *Das andere Geschlecht*)

Betty Friedan (1921–2006)
 The Feminine Mystique (1963; dt. *Der Weiblichkeitswahn*)

Gründung der National Organisation of Women (NOW) durch Betty Friedan (1966)

Shulamit Firestone
   The Dialectic of Sex: The Case for Feminist Revolution (1970)

First British Women's Liberation Conference (1970): Beginn der neuen britischen Bewegung

Kate Millett (geb. 1934)
   Sexual Politics (1970)

Educational Amendment (1972): obligatorische »Affirmative-action«-Programme an US-amerikanischen Colleges und Universities

Historische Entscheidung des Obersten Gerichtshofes gab Frauen das Recht zur Abtreibung (1973)

Elaine Showalter (geb. 1941)
   Women's Liberation and Literature (1971)
   A Literature of Their Own: British women novelists from Brontë to Lessing (1977)
   The New Feminist Criticism: essays on women, literature, and theory (1985)
   Speaking of Gender (1989)
   Hysteries. Hysterical epidemics and modern culture (1997)
   Inventing herself: Claiming a feminist intellectual heritage (2001)

Sandra Gilbert (geb. 1936) / Susan Gubar (geb. 1944)
   The Madwoman in the Attic (1979)
   No Man's Land: the place of the woman writer in the twentieth century (1988)
   The Norton Anthology of Literature by Women: the traditions in English (2. Aufl. 1996)

Gloria Steinem (geb. 1934)
   Outragious Acts and Everyday Rebellions (1983)

Andrea Dworkin (1946–2005)
   Pornography: Men Possessing Women (1981)
   Pornography and Civil Rights (1988)

Joan W. Scott (geb. 1941)
»Gender: A Useful Category of Historical Analysis« (1986)
»Gender: Still a Useful Category of Analysis?« (2010)

Afroamerikanische Theoriebildung in den siebziger und achtziger Jahren

Angela Davis (geb. 1944)
Women, Race & Class (1981)
Violence Against Women and the Ongoing Challenge to Racism (1985)
Women, Culture and Politics (1989)
Blues Legacies and Black Feminism. Gertrude »Ma« Rainey, Bessie Smith, and Billie Holiday (1999)
Are Prisons Obsolete? (2003)

Alice Walker (geb. 1944)
In Search for Zora Neale Hurston (1974)
The Color Purple (1982)
In Search of Our Mothers' Gardens: Womanist Prose (1983)

Siehe u. a. Evelyn Brooks Higginbotham, Hazel Carby, bell hooks, Deborah E. McDowell, Hortense Spillers

Themen der siebziger und achtziger Jahre

Psychoanalytic Feminist Theory, French Theory / Écriture féminine, Gender und Repräsentation(en) / Male Gaze, Differenz-Debatte, Postcolonial/Subaltern Studies

Gayatri Chakravorty Spivak (geb. 1942)
»Can the Subaltern Speak?« (1988)

Themen der neunziger Jahre

Sex-Gender-Debatte, Gay/Lesbian Studies / Queer Theory, Identity Politics, Gender Mainstreaming, Diversity

Judith Butler (geb. 1956)
  Gender Trouble (1990)
  Bodies that Matter (1993)
  Excitable Speech: A politics of the performative (1997)

Themen der Nullerjahre (2000 ff.)

Intersektionalität, LGBT (»lesbian, gay, bisexual, transgender«)-Fragestellungen, Masculinities, Familienkonzepte: Politiken und Praxen, Reproduktionstechnologie

Kimberlé Crenshaw (geb. 1959)
  Mapping the Margins: Intersectionality, Identity Politics, and Violence against Women of Color (1991)

Chandra Talpade Mohanty (geb. 1955)
  Feminism Without Borders: Decolonizing Theory, Practicing Solidarity (2003)

Themen der Zehnerjahre

Gleichstellung per Design, Backlash/Genderismus, Legal Pluralism vs. Menschenrechte

Iris Bohnet (geb. 1966),
  What Works: Gender Equality by Design (2016)

Judith Butler (geb. 1956)
  Senses of the Subject (2015)
  Notes Toward a Performative Theory of Assembly (2015)

Elham M. Manea, (geb. 1966)
  Women and Shari'a Law. The Impact of Legal Pluralism in the UK (2016)

Dank

Für Gespräche, Kritik, Einsichten und Anregungen über Jahre danke ich Isobel Armstrong, Gabriele Brandstetter, Elisabeth Bronfen, Rita Dove, Katharina Ernst, Henry Louis Gates, Jr., Barbara Johnson und Barbara Naumann.

Ein großer Dank gebührt auch Sibylle Saxer und Anke Schild (Lektorat) sowie Leyla Ciragan (für Mitarbeit an den Rubriken: Schlüsselbegriffe und Bibliografie).

Dank

Für vielfache Kritik, Hinweise und Anregung vielfacher Art danke ich ...

Für unsere Bank gebührt auch lebhafter Dank und viele Schild ...

Wissenschaftlicher ...

Prof. Dr. ...
Prof. Dr. Detlef ...
Prof. Dr. Cornelia Mück ...
Prof. Dr. ...